"经典与解释"丛编
Classici et Commentarii

HERMES

刘小枫 ● 主编

作为悲剧的世界史
《蒙特祖玛》悲剧与史学笔记

Weltgeschichte als Trauerspiel
Montezuma und weltgeschichtliche Aufzeichnungen

〔德〕斯宾格勒 ● 著

温玉伟 ● 编译

商务印书馆
The Commercial Press
创于1897

"经典与解释"丛编
出 版 说 明

　　古典文明研究工作坊创设的"经典与解释"丛书,是改革开放以来我国学界规模最大、持续时间最长的丛书之一,自2002年开设以来,迄今已出版逾500种。

　　"经典与解释"丛书自觉继承商务印书馆创设的"汉译世界学术名著丛书"的精神,为我国学界积累学术资源,尤其积极推动译介西方历代经典的绎读,以期源源不断的学子们能更好地认识西方历代经典。

　　古典文明研究工作坊精选若干西方经典,联合商务印书馆共同推出"'经典与解释'丛编"。本丛编着眼于配合"汉译世界学术名著丛书"的发展,为这一百年学术大业添砖加瓦。

古典文明研究工作坊

商务印书馆

2022年元月

目　录

编译者说明

18世纪60年代末，随着汉堡民族剧院计划的失败，德意志哲人莱辛（1729—1781）的《汉堡剧评》写作也走向了尾声，他在总结时这样为自己申辩：

> 我既不是演员，也不是诗人。虽然有人每每给予我诗人的荣誉，但那是因为误会了我。根据我斗胆做的几出戏剧尝试，不应得出这样慷慨的结论。并非每一个手执画笔、挥洒颜色的人都是画家。[①]

素有戏剧家、批评家等身份的莱辛之所以这样说，是因为他心里清楚，在西方文史传统中，哲人作诗并不是什么新鲜的现象。比如，柏拉图在某些哲人眼里就有公认的戏剧诗人头衔。换句话说，人们不能因为莱辛的同时代人维兰德（C. M. Wieland，1733—1813）以小说名闻当时，就忽视其哲人的身份，不仅维兰

---

① 第101—104篇，1768年4月19日，载莱辛：《汉堡剧评》，张黎译，华夏出版社，2017年，第458页。

德本人会站出来反驳，[①]而且精于此道的莱辛也会替他辩护。在谈到维兰德的《阿伽通》时，莱辛看到，

> 对于思考的头脑来说，这是第一部和唯一一部具有古典趣味的小说。小说？我们只是想赋予它这个名称，有些读者或许可以由此得到更多东西。少数不肯花心思的人，他们对什么都不会感兴趣。[②]

在眼光敏锐的哲人尼采（1844—1900）看来，诗人身份也许是这些思想深刻者必不可少的面具，因为，

> 思想深刻的人在与别人打交道时，会觉得自己像个滑稽演员，因为要让人理解，他们必须先假装谈论肤浅的东西。（"观点与格言集"，232）[③]

作为人文中学里"最优秀的史科学生"，少年斯宾格勒（1880—1936）为尼采的高贵精神所倾倒，非常喜欢读这位思想前辈的作品——甚至在礼拜课上偷着啃尼采的《查拉图斯特拉如是说》。中学毕业时，已攒下来几大本子哲学笔记和箴言集。对

---

① 康德哲学风靡之后，哲学与诗的分野似乎已经十分明显。俄国作家卡拉姆津（Н. М. Карамзин，1766—1826）于1789年在魏玛拜访维兰德时，将维兰德的小说《阿伽通》和诗体叙事诗《奥伯龙》排除出哲学，维兰德反驳道："难道《阿伽通》不是一部哲学作品？您可以看到，其中处理了最重要的哲学问题。"参见 T. C. Starnes, C. M. Wieland. Leben und Werk. Band 2: 1784–1799, Sigmaringen: Thorbecke, 1987, S. 180。

② 第69篇，1767年12月29日，载莱辛：《汉堡剧评》，第326页。

③ 尼采：《人性的，太人性的》（下卷），李晶浩、高天忻译，华东师范大学出版社，2008年，第533页。改动根据 KSA 版卷2, Friedrich Nietzsche, Menschliches, Allzumenschliches. I und II, hrsg. von Giorgio Colli /Mazzino Montinari, Berlin: DTV /De Gruyter, 1988, S. 485。

于尼采的上述说法，斯宾格勒颇为赞同，甚至将其视为"我的面具"（《笔记》19）[①]。

凭靠尼采的眼光，斯宾格勒在后来的博士论文《赫拉克利特哲学的形而上学基本思想》（Der metaphysische Grundgedanke der heraklitischen Philosophie，1904）的写作中，更是将前苏格拉底哲人赫拉克利特视为一位独特的诗人，

> 赫拉克利特的思想世界，作为整体来看，像是一部伟大构想的诗作，一部宇宙的悲剧，可以与埃斯库罗斯的悲剧相媲美。在古希腊哲人中间——或许除了柏拉图之外——他是最伟大的诗人。[②]

喜好静观和沉思的斯宾格勒，打小就喜欢文学，好作诗（包括戏剧）。身后的遗产中有大量未发表的戏剧、小说残篇，关于文艺的笔记（比如文理中学时期就已经构思的戏剧《恺撒》《苏格拉底》《赫罗斯特拉特》《腓特烈大王》《蒙特祖玛》），以及大学时期的小说残篇《慕尼黑》（又名《将死的羊人》或《狄俄尼索斯之死》），他甚至在见习期间还去拜访大诗人格奥尔格（S. George）。[③]

很长一段时间里，青年斯宾格勒徘徊在哲学与诗之间，迟迟无法决定，未来到底是走学术研究还是文学创作的道路。成名后的斯宾格勒私下承认自己很晚熟。

---

① O. Spengler, Ich beneide jeden, der lebt. Die Aufzeichnungen „Eis Heauton" aus dem Nachlaß. Mit einem Nachwort von Gilbert Merlio, Düsseldorf: Lilienfeld Verlag, 2007, S. 22. 以下引用时简称《笔记》。

② O. Spengler, Reden und Aufsätze, hrsg. von H. Kornhardt, München: C. H. Beck, 1951, S. 46.

③ 生平相关可参见 A. M. Koktanek, Oswald Spengler in Seiner Zeit, München: C. H. Beck, 1968, S. 95.

直至今日（1918），我仍然觉得自己像个孩子，有些日子头脑简单地得过且过，就像个大一新生。当时，我是个昏昏沉沉的梦想家，总是有一种压抑的感觉，觉得自己很没用，我得成为一位诗人，但是并不具备关键性的能力……（《笔记》52）

按照斯宾格勒本人的看法，他之所以有这样的困扰，是因为在他生活的时代，

搞文学的只是一帮庸人、混蛋、蠢材，这个时代浪费了我生命里的十个年头。……在某个特定时期，人们需要那个时代的伟人，无论多么遥远，人们总可以向他看齐。如果没有这样的人，人们在内心会变得残疾。要是1900年尼采还活着并且在写东西，我将会成为怎样一个人！要是尼采没有瓦格纳，他将会成为怎样的人！（《笔记》27）

我有一种强烈的要求，去景仰某人，而不仅仅是歌德和莎士比亚这样过往岁月的伟人，而是同时代人。……由于我不知道有什么人可以崇敬，我的青年时代、我内心的发展被败坏得多么厉害。像1885至1900年这样的时代里，德语文学毫无例外出自一些蠢材和小丑之手。——天哪，人们得感到多么无助呦。（《笔记》54）

在这样的时代，即便寻觅到"一位在精神上处于相同高度的人"（《笔记》26）也不很容易，更不用说苦口婆心调教年轻爱欲的那个人。在后来的《西方的没落》中，斯宾格勒感谢的并非任何同时代人，而是两位德意志前辈——歌德与尼采："歌德给了我方法，尼采给了我问题。如果让我用一句话表达自己同尼采之间

关系，那么我可以说，我使他的展望变成了概观。歌德在其整个
思维方式上，则是莱布尼茨的门徒，虽然他自己并不知晓。"[1]

　　无论如何，《西方的没落》这部哲学作品得到了同时代人——
如历史哲人特勒尔奇（Ernst Troeltsch，1865—1923）——的认可。
不过，此时的斯宾格勒仍坚持认为，"人们应该科学地处理自然，
而关于历史，人们则应该 dichten［作诗］"（《没落》，第 129 页）。
因为，作为与自然相对立的历史，追究的是人的心灵、性情，它
的本质与核心在于"充盈着整个神话、宗教以及艺术思想"的命
运有机必然性（即时间逻辑），而这个事实是"纯粹理性批判"的
认知形式无法接近的（《没落》，第 9 页及以下）。相反，只有像
艺术家那样，"通过画作、悲剧、音乐等"（《没落》，第 154 页），
才可以传达命运的观念以及承载着命运的真正历史。

　　哲人斯宾格勒也许并没有忘记自己早年的文学尝试：作于
1897 年的悲剧《蒙特祖玛》。这一年，学术领域值得注意的是，
地缘政治学先驱拉采尔（F. Ratzel，1844—1904）的代表作《政治
地理学》（Politische Geographie）问世。而在政治领域，德意志第
二帝国的对外政策，业已由德相俾斯麦（1815—1898）主张孤立法
国的大陆政策，转变为在海外积极进取的世界政策（Weltpolitik），
即德意志版本的帝国主义，标志性事件就是这一年对我国胶州湾
的占领。尤其对史学、地理学、政治学感兴趣的中学生斯宾格
勒，在德意志土地上弥漫的帝国主义氛围中，早在十四五岁时就
开始构思着自己的"亚非洲"版图。

　　意气风发的少年斯宾格勒在如莱辛所说的"喜欢把兴趣和轻
率视为天才的那样的年龄"，将完成的作品寄给当剧院总监的姨
夫，满心希望得到公允评价，不料姨夫在回信里对作品本身只字

---

[1]　O. Spengler, Der Untergang des Abendlandes, München: C. H. Beck, 2017, S. IX. 以
　　下引用时简称《没落》。

未提，仅是邀请他开春之后前来做客……旅行回来的斯宾格勒一气之下，干脆将这部悲剧塞进了抽屉里，生前一直没有发表。这部作品直到 21 世纪过了 10 年之后才被德语学者整理出来。[①]虽然如此，斯宾格勒在日后仍持续关注着这个主题，陆续补充了大量笔记，这里选译出一部分，便于我们理解这部作品。

另外，本书还收录了斯宾格勒在世时发表的新奇小说、文评作品和后人整理的史学笔记[②]。斯宾格勒的大名及大作虽然早已为国人所熟悉[③]，但是，学界对其人及其思想的认识程度究竟几何，则不很好说。

饮水思源，这部劳作依然献给刘小枫老师。

2020 年春

于德国比勒菲尔德

---

① 参见 A. Birkenmaier, Versionen Montezumas. Lateinamerika in der historischen Imagination des 19. Jahrhunderts, Berlin: De Gruyter, 2011, S. 69–197。

② O. Spengler, Geschichte und Geschichtsschreibung. In: Frühzeit der Weltgeschichte. Fragmente aus dem Nachlass, hrsg. von A. M. Koktanek, München: C. H. Beck, 1966.

③ 比如，人民共和国肇造前就已译成中文的《人与技术》(Der Mensch und die Technik，董兆孚译，商务印书馆，1937 年)、《马克斯主义在欧洲》(Preußentum und Sozialismus［注：直译为《普鲁士与社会主义》]，刘檀贵译，独立出版社，1941 年)。

蒙特祖玛——悲剧

（1897）

人物

蒙特祖玛，墨西哥皇帝（1502—1520 在位）

奎特拉胡阿，太子 [1]

喀喀玛，宰相，80 岁老者 [2]

---

[1] 奎特拉胡阿（Kuitlahua，即 Cuitláhuac 或 Cuitlahuatzin），在科尔特斯那里是伊兹塔帕拉帕君主，蒙特祖玛（Montezuma）的兄弟，参见 Hernán Cortés, Die Eroberung Mexikos. Drei Berichte von Hernán Cortés an Kaiser Karl V. Mit 112 Federlithographien von Max Slevogt, übers. von Mario Spiro /Carl Wilhelm Koppe, hrsg. von Claus Litterscheid, Frankfurt am Main: Insel Verlag, 1980, S. 55. 他在蒙特祖玛死后，于 1520 年 9 月 16 日继任，不过，80 天之后死于天花，参见 Hernán Cortés, Cartas de Relación, Ed. Clásicos Castalia /Ángel Delgado Gómez, Madrid: Editorial Castalia, 1993, S. 305. 在卡斯蒂略那里，他是蒙特祖玛的"近亲"，参见 Bernal Díaz del Castillo, Geschichte der Eroberung von Mexiko. Mit zahlreichen Abbildungen, hrsg. und bearbeitet von Georg A. Narciß /Tzvetan Todorov, Frankfurt am Main: Insel Verlag, 1988, S.199）。卡斯蒂略的作品有中译本，参见卡斯蒂略：《征服新西班牙信史》（上、下册），江禾、林光译，商务印书馆，1991 年。

[2] 喀喀玛（Kakama），即奇奇梅克（Chichimeca），帝国早期的君主 Culhuacán，西班牙人也称之为 Culúa。该帝国的都城是特斯科科（Tezcoco /Texcoco）。在西班牙人到来之前，该帝国与墨西哥–特诺奇蒂特兰（Mexico-Tenochtitlán）还有特

特胡阿斯，年轻卡兹克贵族（Kazike）[①]

科尔特斯，墨西哥占领者[②]

阿圭拉，僧侣，科尔特斯的告解神父[③]

桑多瓦尔，科尔特斯军队中的西班牙将军[④]

拉科潘（Tlacopan）一道，构成了墨西哥峡谷的三大联盟，参见 Hernán Cortés, Cartas de Relación, S. 225。根据卡斯蒂略的记载，他是蒙特祖玛的外甥，参见 Bernal Díaz del Castillo, Geschichte der Eroberung von Mexiko, S. 197。在索利斯那里，喀喀玛和奎特拉胡阿都是蒙特祖玛的外甥，当蒙特祖玛第一次迎接科尔特斯时，他们曾陪同，参见 Antonio de Solís y Rivadeneyra, Historia de la conquista de Méjico, México: Espasa-Calpe, Mexicana, S.A., 1995, S. 179。

①　特胡阿斯（Tehuas），墨西哥贵族。历史中无此人。人名或许来自科尔特斯和卡斯蒂略作品中的唐迪（Tendile），他是蒙特祖玛的使臣，参见 Bernal Díaz del Castillo, Geschichte der Eroberung von Mexiko, S. 85。在萨阿贡那里，唐迪是科尔特斯最初拜见的五使臣之一，其他四人是皮诺特（Pinotl）、姚津（Yaotzin）、特奥蒂瓦卡（Teocinyocatl），以及古伊特拉皮克克（Cuitlalpitoc），参见 Fray Bernardino de Sahagún, Aus der Welt der Azteken. Die Chronik des Fray Bernardino de Sahagún, Mit e. Vorw. von Juan Rulfo, übers. von Leonhard Schultze Jena, Eduard Seler u. Sabine Dedenbach-Salazar-Sáenz, Ausgew. u. mit e. Nachw. versehen von Claus Litterscheid, Frankfurt am Main: Insel Verlag, 1989, S. 244。索利斯也提及一位名为吐蒂尔（Teutile）的将军，他在圣胡安德乌鲁阿拜访了科尔特斯和总督皮尔帕托埃（Pilpatoe），参见 Antonio de Solís y Rivadeneyra, Historia de la conquista de Méji-co, S. 70–73。贝尔德（Velde）作品中则有一位吐克特利（Teuctli），是奇奇梅克的一位卡兹克，与特拉斯加拉人打过仗，参见 Carl Franz van der Velde, Die Eroberung von Mexico, Dresden: Arnold, 1830, Theil 1, S. 168。还有一位特奥吐克特利（Teoteuctli），此人是特诺奇蒂特兰的大祭司，参见 Carl Franz van der Velde, Die Eroberung von Mexico, Theil 2, S. 17。

②　科尔特斯（Ferdinand Kortez），其名在西班牙文中一般的写法是 Fernando（或 Hernando 或 Hernán）Cortés，参见 Hernán Cortés, Cartas de Relación, S. 9。在 19 世纪的德文中一般写为 Ferdinand Cortez。

③　阿圭拉（Gerónimo de Aguilar），西班牙方济各会僧侣，在一次探险途中遭遇海难，成为一支玛雅部落的俘虏。他学会了当地语言，当他被科尔特斯在科苏梅尔岛发现之后，做了翻译，参见 Bernal Díaz del Castillo, Geschichte der Eroberung von Mexiko, S. 62。无法证实他就是科尔特斯的告解神父。卡斯蒂略提到的探险途中的神职人员有奥尔梅多（Bartolomé de Olmedo）和迪亚斯（Juan Díaz）。

④　桑多瓦尔（Gonzalo de Sandoval），科尔特斯占领特诺奇蒂特兰期间最为忠诚的军官之一。

利翁，科尔特斯军队中的西班牙将军 ①

阿尔瓦拉多，科尔特斯军队中的西班牙将军 ②

何塞（Jose），西班牙士兵

弗朗西斯科（Franzisko），西班牙士兵

玛丽娜 ③

多名卡兹克贵族

蒙特祖玛的侍从

西班牙和阿兹特克人的使者与士兵

第一场发生在韦拉克鲁斯，另外的场次发生在墨西哥，蒙特祖玛的都城。④

①　利翁（Juan Velázquez de León），科尔特斯的特诺奇蒂特兰探险之旅的成员，是古巴总督奎利亚尔（Diego Velázquez Cuéllar）的外甥。

②　阿尔瓦拉多（Pedro de Alvarado），科尔特斯探险之旅的另一位成员，据说对大庙的阿兹特克人大屠杀负有责任，在此之后，阿兹特克人公开反抗，导致西班牙人不得不从都城撤退。

③　玛丽娜（Marina 或 Malinche），为派纳尔（Painal）一位卡兹克的女儿，儿时被卖到塔巴斯科（Tabasco）的商人手上，并在那里长大。可以讲纳瓦特语（Nahuatl）和玛雅-基切语，是科尔特斯的翻译。也是其情人和顾问，二人生有一子马丁·科尔特斯（Martín Cortés）。

④　墨西哥（Mexico），是卡斯蒂略和索利斯倾向于使用的阿兹特克人都城的名字，即今天的墨西哥城。科尔特斯提到的 Temixtitán 即今天更为常用的特诺奇蒂特兰，而阿兹特克人则常用的词是 Tenustitlan México，参见 Hernán Cortés, Cartas de Relación, S. 160。

第一幕　第一场

　　西班牙人在韦拉克鲁斯的营地；情节发生在科尔特斯的营帐中。

　　科尔特斯、阿圭拉上。

阿圭拉　将军！蒙特祖玛的使者在等候你的答复。你许诺今天放他们离开。

科尔特斯　好，请他们进来。

阿圭拉(稍作迟疑)　你仍然坚持你的意志？无论什么样的提醒都是白费口舌？

科尔特斯　我无惧你口中的危险。

阿圭拉　噢，科尔特斯！

科尔特斯　怎么？

阿圭拉　切勿一意孤行！请听取我们的建议吧！你的愿望不切实际，你想凭借这支队伍把蒙特祖玛——那位战无不克，挥一挥手便有成千上万大军俯首听命的蒙特祖玛——赶下王位？

科尔特斯　我的军队大可轻松与之对峙。

阿圭拉　但不是阿兹特克人的对手！

科尔特斯　我的人手虽少，但他们毕竟是西班牙人，在我看来，他们个个都抵得上千百个野蛮人。

阿圭拉　你可以借助计谋和明智获得更多，这是他们所不懂的。但兵戎相见，在胜败未知的战斗中，胜利是不可能的。

科尔特斯　如果你亲眼见到了我们与野蛮人的战斗，就会知道我们武器的厉害。当我们的船队在这次航行中靠岸取淡水时，我就看到了我们的能力所在，自那之后我便相信，我们是不可战胜的。[1] 土著黑压压一片奔驰到岸边，我们的队伍很快消失在人群中，四周充斥着胜利的呼喊。突然，一声枪响，只看到人们惊慌地如鸟兽四散，弃甲曳兵而逃。我的队伍很快便开进了他们的城池。反抗是徒劳的，男男女女，所有人都一声不吭地等着屠杀。西班牙人沿河搜刮、洗劫，沿途火光冲天。直到如今，我依然清楚记得一件事：当时听到一个女孩在呼救，我很快穿过火舌，冲进房屋，迅速将已剩半条命的女孩救了出来。她就是玛丽娜，从此她便跟随着我们。[2]

---

[1]　卡斯蒂略提到，科尔特斯在塔巴斯科省的战斗中，在阿兹特克人头顶发射了最大的火炮，其威力无比强大，把阿兹特克人吓破了胆，参见 Bernal Díaz del Castillo, Geschichte der Eroberung von Mexiko, S. 78–79。

[2]　科尔特斯在书信中只提到一次来自波顿昌（Potonchán）的印地人翻译，参见 Hernán Cortés, Cartas de Relación, S. 192. 卡斯蒂略说，玛丽娜是塔巴斯科人馈赠给西班牙人的二十个女人之一。科尔特斯起先把她赠给波尔托卡罗（Alonso Hernández Puertocarrero），之后又接了回来。他占领了特诺奇蒂特兰之后，将她嫁给哈拉米略（Juan Jaramillo），参见 Bernal Díaz del Castillo, Geschichte der Eroberung von Mexiko, S. 81–83。

阿圭拉　你在自欺。看看这些城池，这些庙宇、街道、宫殿以及身着华服的人民，你竟然称其为野蛮人？不要太过武断！

科尔特斯　之后还发生了一件事，当时我们还未登陆，蒙特祖玛的使者已经来到，我们的到来把皇帝吓得不轻，据说一则古老传说早已预示。①

阿圭拉　一则传说？你听说了？

科尔特斯　是的。很久以前，他们的神灵朝东海出行，并告知后人，他将从东方返回，并给他们带来永恒的幸福。

阿圭拉　而蒙特祖玛以为，我们就是这位神灵？

科尔特斯　一开始是这样以为的。当他发现是个错误之后，心中的骄傲不允许他进攻我们，他派遣了一个又一个使者，软硬兼施，试图逼迫我们返回。只不过，我固执己见，坚持要在墨西哥面见他。终于，他不再坚持。使者在这里满足了我的愿望，他还是害怕了。我会搞定这个软弱、犹豫不决的家伙。

阿圭拉　不要掉以轻心！你说他软弱，还是多了解他一些吧！一旦他得知你真正的企图，相信我，你会感受到他的伟力。

----

① 据科尔特斯的说法，他们和十二使臣有过谈话。使臣们欢迎了西班牙人并请求不要继续向特诺奇蒂特兰进发，参见 Hernán Cortés, Cartas de Relación, S. 204。在卡斯蒂略看来，与蒙特祖玛使臣的第一次商谈是在圣胡安德乌鲁阿进行的。使臣们说，预言谈到，有个民族将会从东方来，并接管这片国土的权力，参见 Bernal Díaz del Castillo, Geschichte der Eroberung von Mexiko, S. 86–87。而萨阿贡则提到，使臣们认为自己看到的是羽蛇神（Quetzalcoatl），即他们神话里的君王，参见 Fray Bernardino de Sahagún, Aus der Welt der Azteken, S. 245。

请你问问这座城池的人民，没有一个人会为你所动，与他为敌。请找个人给你讲讲，曾几何时，他是如何让这片土地臣服于巨大的王国。面对这位年轻的英雄，人人都战战兢兢。满心忧惧的我只看到我们的下场就在前方。

科尔特斯　阿圭拉，你只配当个教士。你的恐惧会让我们所有人都泄气。

阿圭拉　你应该感恩我仍在这里提醒！一旦钻进了皇帝的圈套，你们就没救了。

科尔特斯　死亡与魔鬼相伴！我可以搞定这个异教徒。只要我到达都城，就胜利了一半。阿兹特克人很快就会习惯新秩序。

阿圭拉　请不要轻视他们！他们整个民族都在仇恨我们。请看看这些使者，他们的高傲不允许他们同我们交流。他们如王公贵族般来到这里，字斟句酌，生硬、冷峻。像这样的英勇民族，一定会反抗的。

科尔特斯　虔诚的教父，这些都会自然终止。一俟给他们戴上枷锁，施以鞭笞，迫使他们为我们采掘金矿，让每个人期盼的只能是剑与火，他们就会安静许多啦。我早已学会如何对付这些野蛮人！——足够了！现在就唤上来我的西班牙人，也有请那些使者。我不想再等下去。去吧，在士兵面前藏好你的胆怯！（阿圭拉下）
　　——胆小鬼！就好像有任何风吹草动时，都得护着自己的小命。（来回踱步）难道我这么多年来等待的一刻，如今终于要实现了，却要将其放弃？仅仅是因为害怕这位统治者，而打道回府？

绝不！只要我还有一口气，绝不！亲眼看到蕴藏着无数宝藏的美丽国度，然后离开，让他们保存可怜的生命，而他们如今已经在为之恐惧？它们现在属于我，绝不允许它们溜走！这些宝藏连同它们的人民都必须为我服务，而我则用皇帝的金子来买他们的生命、爱戴，还有他们的勇气！我竟怀疑自己的能力！让我怀疑自己的能力？不，勇往直前！无论眼前是什么，尽管来吧！我的命运里没有胆小这个字眼。

科尔特斯站立着陷入沉思。西班牙上校走了进来，后面跟着五位阿兹特克使者，喀喀玛在中间，走到科尔特斯面前。①

科尔特斯　尊贵的首领们，欢迎你们！对于你们陛下的旨意，我们已经恭候多时，我也愿意对此做出答复。

喀喀玛　不久前，当蒙特祖玛听说一些白人在远处的海岸登陆，他以为民间流传多时的传说得以应验。原来搞错了，是异邦人踏上了我们的国土。于是，皇帝派遣使者，催促这些人返回，因为，一则古老的法律命令我们，要与任何作为国家敌人的异邦人划清界限。只不过，你不愿意就这样离开，希望得到允许，在都城问候蒙特祖玛。我们从未给异邦人开过先例。不过，他的胸襟不愿对你的请求置之不理。请听着吧！你的愿望实现了，都城在等待着陌生民族的异乡客人，君主的平和将引领你安全地进入都城。

---

① 据卡斯蒂略，与喀喀玛的对话发生在离伊兹塔帕拉帕不远的地方（参见 Bernal Díaz del Castillo, Geschichte der Eroberung von Mexiko, S. 198），而科尔特斯并没有提到人名。

科尔特斯　我愿尽我所能，向伟大的皇帝表示我这么短时间内已经常常不得不向他表示的谢忱。

喀喀玛　不过，你必须郑重向他起誓，遵从两条规则，不然的话——

科尔特斯　悉听尊便！

喀喀玛　一俟你到达墨西哥，就得计划回程，并且应该知足，因为在你之前，这是不被允许的。如果异邦人长时间停留，这不是件好事，只会带来争执和祸端。因此，你们的逗留越短越好，应该尽快离开这片土地。

科尔特斯　我们只想在此地逗留几日，为了能让你们真正地信任鄙人，我发誓——

喀喀玛　不用，不必了。既然你已开尊口，我们就会相信。男子汉不会食言。这是我们阿兹特克人一直以来保有的名声。蒙特祖玛相信你们的信义。在他看来，君子一言抵得上稳妥的誓词。

科尔特斯　我既已说出口，也愿意信守它。

喀喀玛　蒙特祖玛还要求你们：不许踏入圣庙，你们必须尊敬我们的神。因为，从父辈的信仰中，我们感到幸福。我们会尊敬你们的信仰，而且希望你们不要搅扰民众的信仰。

阿圭拉　你说什么？科尔特斯！将军，我无法忍受这些异教徒以他们的偶像崇拜玷污我们的神圣教会！

科尔特斯　克制你自己！

喀喀玛（沉着地）　我们所要求的只不过是必须的。我们清楚，你们西班牙人很久之前迫使其他国度的民众向你们的上帝下跪，并对其进行礼拜。人们也不无愤怒和痛苦地听说，你们如今也在这么做。就在沿海一带，我也找到了你们所作所为的见证者。都城的许多人建议皇帝，将你们统统消灭，但是他不愿这么做。不过，他将捍卫我们的神庙。如果你们蔑视其他民族的信仰，那么，你们将会自取其辱。

阿圭拉　你这放肆的异教徒，你要嘲讽我们吗？是吗？

桑多瓦尔　闭嘴，阿圭拉！难道他的满头白发不能让他免遭你的咒骂？

阿圭拉　难道你也要替他——

科尔特斯　阿圭拉，闭嘴。

喀喀玛　我的使命已完成。将军阁下，倘若我转达的圣旨并不像你所期待的那样可喜，那并不是你的错。不过，你的同胞对待我的方式并不合规矩。那位盛气凌人的先生，在阁下的庇护下如此厉声辱骂一位无法惩罚他的异邦老人，他将要为自己的过失负责。这给友好的交往蒙上了阴影，因为蒙特祖玛很重视他的使者，无法忍受他人谩骂他们，却不受惩罚。

利翁　我们唾弃皇帝的威胁。他还没有尝到西班牙刀枪的滋味。

一位卡兹克　目空一切，我们已忍了太久！你们讽刺我们，我们已经忍了。但是，小家伙们，中伤蒙特祖玛，你们就遭殃了！我们此行并不是为了请求，相反，我们是施予者。你们的性命系于我们的一念之间。倘若你们滥用他的善意，我们便即刻返回，并解除友谊，我们无惧你们的武器。倘若你们另有企图，那就以仇敌相见！

利翁　尽管来吧！看看这些野人怎么吹牛皮！

科尔特斯　闭嘴！使者受我的保护。你们请闭嘴，谁若执意辱骂，就让他遭殃！

喀喀玛　阁下看到了，你的手下和你想的并不一样。是否拒绝友谊，完全由你决定。我没有兴趣忍气吞声。如果人们仍对我们不客气，那么从现在起就开战吧。我并没有老朽到畏惧你们的臂膀。我打过二十场战争，从未失手。若你们要战，尽管开口。让我在你们的刀枪前发抖，你们还不够资格。我一辈子忠于皇帝，并告诉自己，绝不让任何一句责难、任何一句不该他受的谤言，在我眼皮底下说出。

科尔特斯　尊贵的老人，非常抱歉，让你在这里受了委屈。不过，我承认这并不是我的错。请切勿动气！蒙特祖玛对我们所要求的一切，我承诺照做，因为，他的友谊可以保证我们在异国他乡的生命安全。如果你对我仁慈的话，请不要在蒙特祖玛面前抱怨你在这里所受的委屈。

喀喀玛　科尔特斯！男子汉的尊严在于诚实！我不会撒谎。蒙特祖玛有必要知晓这里所发生的一切。他对我的信任要求我这样做，我得配得上这份信任。因此，我不会沉默或做任何粉饰。

科尔特斯　如果这些军人刚才没能适时保持沉默，请你原谅他们。我希望，你会慢慢了解他们。

喀喀玛　我得走了。卡兹克们，走吧！我们的皇帝等着我们。（使者下）

科尔特斯　他满腔怒火地离开了。你们不能暂时控制自己吗？这难道不意味着授人以柄？如果你们的胡闹威胁到我的计划，下次就有你们好受的。

阿圭拉　难道得忍受一个外国人在我们的营帐里取笑我们的教会？

桑多瓦尔　他并没有指责，是你自己想多了而已。

科尔特斯　与如此的民族为敌！我先前并不相信，现在我领教了。他们冷静地对自身力量保持着自信，透露出他们的优势。倘若他们每个人都如这位老者那样效忠皇帝，我如何敢，我如何能够希望他们中的某个人背弃自己的忠诚。我们将会与每个人为敌。噢，我在自欺欺人！我把战斗看得太过轻巧。我先前没能注意到的礁石，现在突然冷不防——致命——地冲了过来。

阿尔瓦拉多　你多虑了，打消这些念头！只要还有气力和一把剑，我就无惧威胁我的危险。

科尔特斯　阿尔瓦拉多，你一直都是这样。——不，你们自说自话吧。我许诺了他，立即返程。——两手空空！我的一生就这样白活了，我的追求如今很快便到了头！无法忍受呦！备受蔑视，穷困潦倒，就像农民那样过完一生，年复一年追着犁沟，日复一日面对同样乏味的辛劳。可是，倘若我不照做，皇帝立即就会以他的大军碾压我们，未来的征服者连我们坟墓的影子也永远无法找到。

阿圭拉　　现在担心为时已晚。你已把我们的警告抛到脑后。

科尔特斯　　我太过奢求自己的幸福。现在我走到这一步，不得不继续往前，即便面前是深渊。贝拉斯克斯曾意图阻止我启程，他想自己征服这个国度，夺走我的胜利及战利品。我虽然凭借计谋得以逃脱，但是他一定会派军队追击。如今前有敌人后有追兵。倘若我们在战斗中活了下来，倘若阿兹特克人还没有归顺，但是他的战舰已到，那么，我的选择只有死亡；或者，要么败在西班牙人手上，要么败在阿兹特克人手上。（玛丽娜上）我粗心大意地陷入如此境地，真是罪孽深重。现在我找不到任何安全的出路。

玛丽娜　　科尔特斯，你在说什么？噢，不会的！如果你在战栗，那么，我们这些人该如何是好？如果你离开人世，那么，我在尘世里就没有什么能够托付的人了。你必须，你应该达到你的目标！

桑多瓦尔　　什么，玛丽娜？你这么快就忘掉了你的故乡？

玛丽娜　　我的故乡？

桑多瓦尔　是你的国度生养了你。

玛丽娜　我再没有故乡了。童年的时候，我已经被卖身为奴。我无法爱它，因为它像其他事物一样，对我来说是陌生的。科尔特斯，是你将我从噬命的火舌中救出，我的生命属于你。我可以用我的主意来帮助你。我懂他们的语言、他们的习俗，我很容易就能获得他们的计划。为了你，我愿意做任何事。你必须是胜者。

科尔特斯　你愿意？只有好心的偶然才可以救我。

玛丽娜　就没有其他？

科尔特斯　别无他物。

玛丽娜　我时常听闻你们的计划，并且有过思考。按照你们一直所说的，似乎你们必须战胜整个国度。我从儿时起——当时勇敢的蒙特祖玛刚成为皇帝——就知道他是怎样创造了帝国。他令万民臣服，他战无不胜的威名也使远方的部族缴械。再也没有人胆敢公开地违抗他的宝剑。他的权力看似不可战胜，其实只是一块轻巧的建筑，只要知道其弱点，任何一个微不足道的人都能威胁到它。你们在行军途中将会遇到的特拉斯加拉人，以及所有其他民族，他们都不满于被奴役。你们在当地与他们结交，以自由来引诱他们！他们很快就会归顺于你们。当你们强大了，阿兹特克人与你们对峙时，将会颤抖！

科尔特斯　这是一条出路。千万次感谢，玛丽娜！你现在向我指明了胜利的道路！

桑多瓦尔　　不要忘了你刚刚向皇帝许诺的。

科尔特斯　　你难道相信，我只会眼睁睁看着这些宝藏？我会因此和你们撤离？我想要的是占有它们！

桑多瓦尔　　皇帝相信你对他所说的话。他信任你！他的言而有信不会让你感到十分惭愧吗？将军，这并不真诚！如果你认为，你的武器可以带给你胜利，就召回那些使者，向他们解除友谊。即便这不值得赞赏，但是坦坦荡荡。我们不能欺骗蒙特祖玛的高贵大度！野蛮人自己看重诚实和言而有信，他们会瞧不起我们。难道要他们在诚实方面令我们基督徒无地自容吗？

科尔特斯　　我别无选择。在背部受敌之前，我所面对的是一个必须消灭的敌人。我没有选择。我们不能盲目地听从自己的内心。美德是一块贫瘠的土地，它不会使一味耕作它的人富有。难道要我将艰难得来的威名、战利品以及统治，拱手让给贪婪的敌人，令他不费吹灰之力就得到我们用心血赢得的一切？不，我宁愿将战利品烧为灰烬，宁愿自己和装有战利品的船只一道沉入海底，也不愿将它们让与敌人！

阿尔瓦拉多　　我也会这么做。

桑多瓦尔　　倘若阁下不能做到诚实，我宁愿放弃胜利！

利翁　　你们难道没完没了？见鬼！在为野蛮人争吵？

阿圭拉　　将军，如果你胜利了，不要忘了我们的信条。只有你毁掉庙宇和神像，并迫使这些异教徒受洗，教会才会解除你这次的誓言。不过，要是你犹豫不决的话，教廷也将拒绝赋予你荣誉。

科尔特斯   我充满信心，一旦获胜，我愿意给教会奉上丰厚的谢忱。我将在墨西哥庙宇的废墟和被推翻的神像之上，建立教堂并慷慨馈赠。战利品的一部分将属于教廷，我将使阿兹特克人改宗，如果一切顺利的话，我发誓将徒步向圣城进香。神父，请你告诉我，上天会不会满足我的愿望？

阿圭拉   如果你忠于自己的誓词，它的恩典便不会缺席。

阿尔瓦拉多   好啦，终于做出了决定！你们的主意没完没了。我在打仗中是老资格，不讲废话。西班牙人，高兴起来，战利品等着我们！

利翁   等着我们的还有战斗！我的剑已经等得不耐烦啦！

科尔特斯（站起来）   要言听计从，不要丢掉你们的勇气！这样，危险就不会战胜我们，而我们的胜利和战利品将数不胜数。不要气馁！我会找到解决途径！

落幕。

第二幕   第二场

蒙特祖玛在墨西哥的宫殿大厅。左方是一个由许多柱子托举的前厅，右方是御座，背景里有一道门。蒙特祖玛坐在宝座上，周围是许多卡兹克和仆从。

一名仆人（走进来，跪在御座前）　吾皇战无不胜！愿你宽和的统治赋予我们更绵长的恩泽，让它荣耀你的壮举。（起身）皇帝陛下，西班牙人正在入城。他们已经过了堤坝，正敲敲打打举着旗帜接近皇宫。我们是否立刻将他们带到御前？

蒙特祖玛　我在此等候。（仆人下）卡兹克们，请听着！现在，只要西班牙人在这里一天，他们就受我的保护，我必须信守这个诺言。当他们觐见时，请收敛你们胸中激荡起的针对他们的深仇大恨。我当然清楚，他们既是你们的，也是我的敌人，我不会容许他们在这里逗留很久。不过，我不愿有损客人的权利。请你们友好地接待他们！

喀喀玛　蒙特祖玛！你还有做决断的机会。时间允许，请你再做思量。当时，当我们最初听说敌人时，每颗心都陷入深深的迷误。你是最后一位仍然相信奇迹的。神秘的古老传说如今仍未实现，我们大家都清楚。阻碍我们及时御敌的，正是这个信仰。你曾发誓保护他们的生命安全，你忠于誓言，可是西班牙人可曾信守？这个民族长期以来恶名在外，它让每个人的心充满厌恶。这些西班牙人比起可憎的强盗更坏。他们名副其实。请你听听臣子们的哀怨，他们曾目睹父母、妻子、儿女被屠杀。你曾经征服的诸民族，现在和他们结为盟友，他们本来就有令人慑服的力量，如今愈发惊人！请你将这些凶手从我们的国度清除吧！誓言的纽带已经破裂，你没有任何责任。请你命令这些臣子举起宝剑，抵御现在向都城进发的军队！

　　蒙特祖玛　以我的名誉起誓，我曾许诺他们进入都城。你自己已经缔结盟约。倘若他们破坏它，我清楚作为君主的职责，不会让他们逃脱恶人的报应。

　　喀喀玛　民族的福祉仰赖着你。噢，请你听从富有经验的老人的建议吧！勿让高贵大度（Großmut）妨害了你的至高职责和对臣民的关心！

　　蒙特祖玛　你不相信本国人民的力量吗？我并不惧怕这帮异乡人。

　　特胡阿斯　卑鄙的是他们的内心，而非他们的力量！

　　蒙特祖玛　不错，他们征服了半个世界，不过，他们在这里无能为力。但是，倘若我阴险地将他们在我的庇护下杀害，我未来必将憎恨自己！

　　特胡阿斯　当异乡人初来乍到时，他们只不过是少得可怜的一小群。不过，时机越来越有利于他们，而且他们利用了时机。如今，指挥着千军万马的他们在不断壮大，不久将会威胁着向你强取他们无法以请求得来的东西。现在他们还没有到来，你还有时间将他们拒之门外。请命令人们在大街小巷鸣起战鼓，他们将欢欣鼓舞地与自己的君主站在一起。长久以来，他们愤怒地眼看着西班牙人愈发接近，他们希望开战，这不仅仅是我自己的愿望。

　　喀喀玛　我表示赞同。我自己清楚，比起其他人，我的言辞更有分量。作为有威望的长者，倘若我的忠告会败坏你，就请取走我的项上人头来赎罪。曾几何时，我一直把它留给敌人，倘若有失误，我便准备随时牺牲。以前，我高呼要和平，如今我则与所有人一样呼吁：战斗！

蒙特祖玛　这样的话出自一位八十岁老人之口？你青春岁月战斗的热情，现在还在激荡着你？

喀喀玛　为了家乡之故，我不在乎年岁。只要这些骨头还连在一起，我就会身体力行地支持你。

蒙特祖玛　没有谁可以比你更好地给我忠告，不过，我不能失信，欺骗那些值得信任的人们。奎特拉胡阿，我的孩子！你在沉默，请让我听听你的看法！

奎特拉胡阿　父亲，请让武器来说话！请不要再犹豫，因为时机转瞬即逝！那位将军很快就会到来。请下命令！请让我带领阿兹特克人去战斗！

特胡阿斯　噢，蒙特祖玛，请听从大家的敦促！人们现在只有一个心愿，那就是战斗。

喀喀玛　没有一个人愿意要西班牙人的和平。

特胡阿斯　战争是阿兹特克人的骄傲，我们大家都愿意为之献身。那么，卡兹克们，你们来说！请你们帮助我一同恳求！你们的愿望与我的相同，那就是战争。伟大的皇帝，请你准许！让我们战斗吧！

所有卡兹克　战争！战争！起来吧，起来去战斗！

蒙特祖玛（起身）　阿兹特克人啊，你们忘乎所以了！这个年轻人就可以令你们很快忘记自己的职责！统治和决断的是我，你们要服从！这就是我的权利和你们的职责。高贵民族的客权（Gastrecht）永远都是神圣的礼仪。你们想玷污它吗？我首要的愿望就是纯洁无瑕的荣誉。从儿时起，我就以之为目标，并且希望可以给你们留下这个名声。现在，我也要用它来反对所有人。罪责在我，倘若不幸降临到我们身上，我愿意替所有人赎罪。

特胡阿斯　倘若我们的神庙陷入火海，祖先的灵位变成灰烬，曾经强大幸福的阿兹特克人化为这帮气焰嚣张的乌合之众的刀下鬼。倘若茅屋中的妇女、儿童、奄奄一息的阿兹特克男人、饥肠辘辘的人，齐齐咒骂你，是你出于对荣誉的追求才招致了不幸，那么，你还愿意坚强地承担所有谴责？（蒙特祖玛吃惊地沉默着）蒙特祖玛，请你原谅我的鲁莽！可是我的忠言打动了你的心。看吧，你爱着我们，并行着善举，阿兹特克人永世不忘。请赋予他们凭借武器捍卫自己家园的自由吧，想一想未来深邃神秘的小径！我预感到西班牙军队会带来不幸。只要你还可以拯救，就不要忘记这一点！（蒙特祖玛沉默不语，陷入沉思）

奎特拉胡阿　父王，请采纳众人的进言！他的话千真万确。荣誉，它将我们奴役，用锁链将我们牢牢拴在一个偶然的语词上。所谓的荣誉是个幻影，它只会令人眼花缭乱，使目光远离内在、真实的本质。噢，请不要盲目地追随它，以至于身败名裂！还有诸种更好的善，请将它们赠予你必须保护的家乡！你想着用人民的幸福换取荣誉，但是它并不那么珍贵。没有人可以撼动你真正的价值。请克制你的高傲，抽出你的宝剑，即便你有难言之隐!——我会向明处的敌人信守誓言,但是对于无赖,我不懂得何谓承诺。在我面前,没有什么神圣的东西可以保护他,我需要用他的手段。

蒙特祖玛　不,我不会这样做!我不能狡诈地踏上邪路。

喀喀玛　命运很快会诱使你走向深渊,并且会迷失你的理智。噢,蒙特祖玛,我现在担心,不会有好的下场。

奎特拉胡阿　无论如何,人们会责骂我是刽子手。如果可以达成善举,我做好准备承担坏的名声。比起用同胞的不幸来巩固自己的美德,对我来说,这个更为珍贵。(远处传来军乐声,越来越近)现在正是时候,请采纳我的建议!

仆人(快步上)　科尔特斯派我前来,请求获准入城。

奎特拉胡阿　蒙特祖玛!(很长的沉默,期间,军乐声愈发临近)

蒙特祖玛(长时间考虑之后,坚定地)　有请!

仆人下。阿兹特克人喧哗,音乐停止,西班牙人上。科尔特斯、阿圭拉、桑多瓦尔走向前,其他人处于背景。卡兹克们退后,铁着脸,表现出敌意。①

---

① 根据科尔特斯和卡斯蒂略,科尔特斯和蒙特祖玛之间的第一次对话发生在西班牙人的营地,参见 Hernán Cortés, Die Eroberung Mexikos, S. 59; Bernal Díaz del Castillo, Geschichte der Eroberung von Mexiko, S. 205。

科尔特斯　高贵大度的皇帝，我满怀感激之情来到尊前。在贵国停留的短短数月内，陛下施予的极大善意便令我惭愧难当。我请求在墨西哥觐见，而陛下仁慈地答应了我的请求，并且对我施以庇护。令我完全不敢奢望的是，自己竟像国王一般受到接见。此前我已经被赠予丰富的礼物，现在则看到了慷慨馈赠一切的陛下。我得如何感谢？

蒙特祖玛　异乡人，欢迎来到墨西哥，你们的名声已经使你们成为熟人！多年以来，我们就听说，莽撞的水手征服了一座座岛屿，也听说了他们几乎无人可以抗拒的权力。你们是首次得到接见的人。我不愿拒绝你们严肃的愿望，于是请你们前来。不过，你们只被允许在这里短暂停留。那么，科尔特斯，讲讲你的目的！西班牙人，你们来自哪个国度？你们为何不知疲倦地在海洋穿行？ ①

科尔特斯　大洋另一头有个幅员辽阔的国度，繁荣、富有、不可战胜的强大，世人服从于那里的国王。在他的王国，太阳永远不落，所有岛屿的人民都效忠他，你们可以从这里的海岸望见

---

① 根据科尔特斯和卡斯蒂略，蒙特祖玛对西班牙人致以崇高的敬意，因为他认为，他们代表的是来自东方的人，参见 Bernal Díaz del Castillo, Geschichte der Eroberung von Mexiko, S. 205; Hernán Cortés, Die Eroberung Mexikos, S. 59–60。索利斯与斯宾格勒的版本最为接近，他笔下的蒙特祖玛在初次讲话时就显得是一位开明统治者，与科尔特斯处于一个层次。蒙特祖玛展示自己赤裸的胳膊来证明，关于他像神一般的谣言不可信；同样，关于他的暴政和难以置信的富有也不是真的。类似的，他也不相信关于西班牙人的传言，说他们像神一样，他们统治着动物王国和闪电，他们的蛮横以及对黄金的贪婪。在索利斯的故事里，蒙特祖玛详细地解释了，他理解西班牙人的马匹是一种野兽，而他们的火器是一种弓和箭。不过，在索利斯笔下，蒙特祖玛承认西班牙国王的高贵，因为后者出自羽蛇神，参见 Antonio de Solís y Rivadeneyra, Historia de la conquista de Méjico, S. 182。

那些岛屿。高贵的皇帝，你的大名他久已耳闻，就派遣我——

　　蒙特祖玛　他也想征服我们？你们的君主难道对声望不知餍足？将军，我想告诉你我的心里话。很久以来，我就清楚，正是自私自利驱使你们西班牙人造访这些国度。你们并不满足于自己的故土，不过，你们的目标在这里无法实现，我对他们负责。

　　科尔特斯　陛下，请恕罪！这并不是我的职分，我并非为此而来。我怎么可能用我的军队来实现呢？

　　特胡阿斯　你们过于急切地壮大自己的军队。

　　蒙特祖玛　西班牙人，我不愿掩饰这片土地上的人们如何看待你们。有太多对你们的抱怨，我不愿对臣民的声音置若罔闻。从前，据说你们登陆时，身披盔甲，装备火炮，并不是作为朋友而来，而似乎是要同我们进行充满敌意的战争。当时，有不少人对你们的坏名声忧心忡忡，他们建议，在你们搞破坏之前，就将你们消灭。我没有这么做，而是给你们提供庇护，否则你们的尸骨早已在海滩褪色。我要是收回我的宽和，你们哪里还有感激的机会？

　　科尔特斯　噢，陛下，请听我说！

　　蒙特祖玛　这里的卡兹克们都亲眼看到，你们为了可耻的钱财，如何将杀戮和火灾带入我们的城邦！你们得以活命，得感恩我，而你们却怂恿特拉斯加拉人与我作对。难道你们不担心报复吗？

　　科尔特斯　请听我说！

蒙特祖玛　我需要的是友谊，你们却对之加以蔑视！我们现在是仇敌，因为你们打破了盟约，我的善心不再加于你们身上！我所承诺的，仍将履行，无论你们表现得多么不体面。你们可以安然无恙地返程，不过，你们的民族不会再得到仁慈，因为，你们不配！

科尔特斯　陛下加于我身上的，是多么严厉的斥责，但是，请相信我，这只是假象。我会令陛下信服。

蒙特祖玛　科尔特斯，你难道还有说谎的勇气？

科尔特斯　人们为何要责备我们的计划放肆？难道这一小群人就会威胁到陛下的权力？我不相信，陛下有这样的担心。但是，我必须为所有人的安全操心，作为统领，我必须保护他们的生命。如果我抽出过宝剑，那也只是防卫。

蒙特祖玛　这不是事实！你令我颜面尽失！当我下令人们不要伤害，你们已经安全，最凶狠的敌人也不会伤害你们。我为我的臣民担保，他们诚实可靠。

喀喀玛　比起这里的人们，我更为深刻地窥探了你们的心。我亲眼看到你们的军营！你在那里信誓旦旦地向我保证，不会毁坏神庙，而你们食言了。我无法再克制对你们的看法。我已久闻你们的恶名，我知道，你们都是无赖。

阿圭拉　将军，我现在也不愿再沉默！

蒙特祖玛　我已经听得足够多，并且了解了你们，我清楚如何对付你们。我们会给你们提供一处居所，请在离开之前，住在那里。我禁止你们进入神庙，谁若踏入，必死无疑。我所许诺的，你们尽管放心，但不要奢求更多！你们的船队离开这里之后，特拉斯加拉人会受到惩罚，我不容许任何人在这里逗留。

科尔特斯　我要承认的是，我们并没有做到陛下所期待的，我们不配陛下的善良，它令我们感到惭愧。但是，我斗胆请求，请留特拉斯加拉人在这里！

蒙特祖玛　他们得离开！他们是应该受死的叛乱者。

科尔特斯　他们保障了我们的安全。

蒙特祖玛　他们必须离开！

科尔特斯　陛下无需害怕他们。

蒙特祖玛　他们今天就得离开这里！这是我的意志！

桑多瓦尔　科尔特斯，请让我为我们的卫士发言！我们的卫士都在海边，并且沿途也有许多岗哨，在异国他乡，他们随时有生命危险，而来自特拉斯加拉的人们替我们负责他们的安全。请不要剥夺这些勇士们唯一的保护，否则他们将会无依无靠、无法自卫！陛下也一定会保护在你的生命里始终忠诚服务的每个人。

蒙特祖玛（迟疑）　我答应你们，他们可以留下！不过我希望，你们以后能够更好地履行我的意志！

科尔特斯　蒙特祖玛！如果我现在可以感谢陛下的话，我会这么做，我很愿意满足陛下的每一个愿望！请让我为了新的盟约握住陛下的右手，它对我行了多少善举呦！

蒙特祖玛走向科尔特斯，向他伸出手。落幕。

第二幕　第三场

在西班牙人位于墨西哥的营地。一座大庙的厅堂，左方是由许多廊柱支撑的前厅，通往庭院。背景处是一道门。整个空间昏暗且单调，四壁仅有些粗纺的绳头。

桑多瓦尔与阿尔瓦拉多。

阿尔瓦拉多　你没能从科尔特斯那里打听到任何消息？这么久默不作声，对我来说是折磨。日复一日默默蹲守在围墙内！

桑多瓦尔　不过，这种折磨不会太久，启程不会被接着推迟。

阿尔瓦拉多　难道我们不进行战斗就退却了？

桑多瓦尔　噢，你们要庆幸的是，直到现在还享有和平！朋友，你们为何要追求杀戮和战利品！你们所能够希望的，皇帝已经给予了。他没有惩罚我们的恶行，使我们在墨西哥得到国王般的接待，让我们栖身于这座庙宇，这里安全，可以免受任何攻击。这一切都是无意义的吗？

阿尔瓦拉多　阴森恐怖的盖子，沉闷而且昏暗，从前祭神所斩杀的亡灵在这里作祟。西班牙人在这瘴疠之气中毛骨悚然。鬼魂在这里游荡。我为自己灵魂是否可以得救感到担心，我认为，基督徒不应该待在异教徒的神庙。就连士兵们也开始抱怨了，他们期待的是丰盛的战利品，但是找到的只有辛劳和痛苦。

桑多瓦尔　忘恩负义的家伙！你们已经很富有了。有哪一位将军从自己的敌人那里，像我们这样，得到蒙特祖玛如此慷慨、如此丰富的馈赠！

阿尔瓦拉多　科尔特斯已经把一切均等地分给了士兵，以便保持士气。而我们，总是做着最多的工作，每次却空手而归。

桑多瓦尔　我们是统领。贪婪地追求黄金对我们来说不合适。

阿尔瓦拉多　你难道没有在这里发财的兴趣？

桑多瓦尔　令我心动的，只有果敢战士的声誉。我并不知道，这次行动竟是一次洗劫。我不喜欢战利品。你们的杀戮会有恶报！

阿尔瓦拉多　我确实无法理解你！在本可以发财的时候，你却拒绝。我们为什么要来到这些国度？追随科尔特斯的所有西班牙人，没有一个不是为了战利品而来。

桑多瓦尔　你还寄希望于胜利？

阿尔瓦拉多　你不是吗？

桑多瓦尔　我早就放弃了希望！

阿尔瓦拉多　噢，我们的将军总会找到主意！

桑多瓦尔　他的才智在这里到头了。

阿尔瓦拉多　你真的这么认为？他心里想的并不是撤退。你不知道，他在悄悄地壮大特拉斯加拉人？他不惜使用任何手腕。在过去的日子里，他虽然默不作声，但是思维活跃。如果他可以将我们引出困境，就会付诸行动，我可以保证。

阿圭拉（急匆匆上）　你们知道这位信使刚刚给我们带来了什么？

桑多瓦尔　信使？我们没有看到。

阿圭拉　他刚刚来过这里，和科尔特斯谈了话。

阿尔瓦拉多　噢，他带来的肯定不是好消息！将军在哪里？

阿圭拉　刚刚我还见过他。

阿尔瓦拉多　一起来吧！或许他正和士兵在一起。（阿尔瓦拉多和阿圭拉从前厅下）

桑多瓦尔（痛苦地踱步，若有所思）　狂野的冲动叩问着我的良知，它谴责着我，因为我也是有罪的。我当时不由自主，现在虽然懊悔，但已经太晚。天堂里伟大的主呦！请原谅我，因为暴行并非我心甘情愿！我受人误导，毫无顾忌地堕入罪恶的圈套。我难道也得欺骗，并给那高贵、心志远大的皇帝带来不幸？不！我不愿与那些人同流合污。请保佑、保护我的灵魂远离科尔特斯现在要犯的行径！（科尔特斯上，桑多瓦尔注意到他并迎上去）他来了！

科尔特斯（激动）　人们都去哪儿了？

桑多瓦尔　将军，你的表情令我害怕。信使带来了什么消息？

科尔特斯　快，把其他人找来！（桑多瓦尔下）就这么决定了！未来沉睡在令人迷惑的夜幕中。现在我不能再犹豫不决，只有一条道路会令我抵达目的。我要、我必须走这条路！即便蒙特祖玛没有罪过，他也貌似有罪，我要利用的就是这个假象。[①] 你这高傲的皇帝，优势现在属于我了！（来回踱步）仅仅有想法，就是莽撞，但是我什么都敢做，迫使他臣服于我！人民相信他，他们现在因为他长时间保护我们而非常不满，不过，他的权力在阿兹特克人里面有稳固的支持。人们倚赖于他，会勇敢地保护他。只不过，我必须敢于行动。难道要我逃离，放弃获得的一切？——要背叛他的心灵，太可怕，从未有人如此背叛过！人们

---

① 在一次由统帅夸波波卡（Quahpopoca）率领的来自瑙特拉的士兵和位于临近的韦拉克鲁斯的西班牙人之间发生的交火中，许多西班牙人阵亡，其中就有定居点司令官埃斯卡兰特（Juan de Escalante）。根据科尔特斯的描述，利用这次事端做借口来囚禁蒙特祖玛的想法就来自科尔特斯本人，参见 Hernán Cortés, Die Eroberung Mexikos, S. 61–63. 相反，卡斯蒂略则认为，在蒙特祖玛皇宫囚禁蒙特祖玛的主意来自许多军官和士兵，参见 Bernal Díaz del Castillo, Geschichte der Eroberung von Mexiko, S. 224–225. 不过，至于蒙特祖玛是否知晓，或者甚至促成了夸波波卡的袭击，并没有说明。

会嘈杂和严厉地谴责我一辈子。直到生命尽头，我的良知也会责难我明知故犯的罪孽，我可以承受吗？但是，如果我退缩，置权力、荣誉以及战利品于不顾呢?！因为我嗤之以鼻的指责，而错失最为有利的时机吗？如果有利于我的西班牙同胞，对于他们而言，这就不是背叛。他人的言语并不能伤害我。如果我获胜，责备的声音会淹没在高声的赞扬中。现在，幸运女神，请不要在较量中离开我！你一直忠诚地为我服务，现在请你给我援助！（西班牙将领上）

阿尔瓦拉多　发生什么了？你完全变了一个人。信使惊恐地一言不发。告诉我们，发生什么了？

科尔特斯　他来自韦拉克鲁斯——

阿圭拉　圣母呦！贝拉斯克斯到啦，一切都完了。

科尔特斯　不，神父，现在还没有如此绝望。我们在海岸线修筑的工事，已经被阿兹特克人洗劫了。他们在漆黑的夜里爬上了围墙，不过，在他们用纵火和谋杀袭击熟睡的人们之前，我们的卫士意识到了危险。人们在漆黑中站在围墙上展开了搏杀。一位卡兹克是领头人，最终艰难地战胜了我们的人。太多牺牲，包括埃斯卡兰特，他勇敢地指挥着队伍，直至倒下。

利翁　这就是你伟大的宽厚的结果！它只会使这个民族日复一日地更加放肆！

阿圭拉　是的，这只可能是蒙特祖玛唆使的！还有谁会相信这些异教徒的忠诚！

桑多瓦尔　呸，阿圭拉！他没有这么做！你总是不动脑筋，不明就里地把最邪恶的罪责推卸给别人。难道因为他是异教徒，他就会不信守诺言？他可以用自己的心灵，令某些人颜面无存！

科尔特斯　骑士报告说，那位卡兹克并不愿走到这一步。所有的阿兹特克人都对我们怒不可遏，而这个举动激发起极大的兴奋。他从人人充满仇恨的脸上看到了他们未来的胜利。

桑多瓦尔　这并不是最糟糕的。我们的声望发生了深刻的动摇。以前，人们对我们新奇武器的忌惮，聊可保持我们的优势，他们中不少人相信我们是不可战胜的。现在，一小群乌合之众就已经战胜了我们，这样，他们内心的胆怯荡然无存。我担心，他们很快就会在这里尝试在其他地方失败的行动。

科尔特斯　我得更为迅速，把他们的行动扼杀在萌芽里！你们清楚我们为何而来。只要皇帝还统治着他的人民，他们就不会心甘情愿地服从我们的意志。皇帝懂得运用权力，并且需要权力来支撑。他必须落入我们手中，这样整个国度就会臣服于我们。

桑多瓦尔　可怜的愚人！你把希望建立在此之上！你以为，一旦他的权力成为你的，人民也会盲目地服从你？

科尔特斯　一旦他落入我们手里，人民就不会再蠢蠢欲动。

桑多瓦尔　你将会这么做，我知道你多么固执。现在正是你摆脱他、抓起武器的时候！你还要把新的罪行垒在旧的上面！不要忘了，我之前提醒过你！一旦为时已晚，你会觉察我当时的建议多么正确。

　　科尔特斯　我是幸运儿，与他人相比，我可以多冒一次险。直到如今，还没有什么可以阻挡我的去路。贝拉斯科斯并没有追杀我，当我安全时，他才会派遣一批强盗。在这里，善意的天命很快就会给我机会，找到庇护。只不过，你们还得稍微谨慎些，要付出忧心和辛苦，才可以挨过这段时间，因为现在不允许任何偶然破坏我的计划。朋友们，只有当我掌控了皇帝，才可以高兴！以后，必须打消所有的忧虑，无忧无虑的生活会使我们忘记长期的辛劳！

　　科尔特斯下。落幕。

第三幕　　第四场

　　蒙特祖玛的官殿（同第二场）。

　　蒙特祖玛（独自一人）　那个西班牙人要求谈判，他说是那场袭击迫使他这么做？这叫请求吗，我难道不是主人了吗？异乡人岂能要求一切？我的大臣、儿子以及人民，很久以来就在提醒我，而我拒绝了。如今，眼前突然出现一团模糊的阴影，不幸正在逼近。我一直向朋友们掩饰的，令我心里不安，因为，像迎接国王一般地迎接异乡人，并不是我的愿望。从那一天起，昏昏沉沉的感觉便笼罩了我。不幸正在逼近，虽然对我而言是陌生的，但是我可以感觉到它，因为，每次大的命定之事发生之前，总有不幸的征兆。我现在不得不常常思考，推动我的是什么。我无法惩罚他们，无法迫害他们，但是，和每个人一样，我同样痛恨他们。一句俗语在我心间警醒着：心不由命。人认为自己是自由的，可是他总服从于偶然。就连君主也得听命于这股力量。人的命途早就按照铁定的严格法则规定好了。发生的和必然发生的，只不过是不可避免的，人们纵然有最好的愿望，可是命运一旦介入，人不得不走向灭亡。噢，永远爱着我们的善之灵魂呦，是你向我们馈赠欢乐，使我们忘记你无法驱除的痛苦——因为，命运既主宰着你，也主宰着人们。我在灵魂的疑惑中恳求你：如果我应得的话，请在我退位之后——我的统治给人民带来了幸福，我总是爱着他们，并心系他们的福祉；如果我在晚年脆弱不堪，请你从源源不断的源泉赠予我欢乐！充满希冀地憧憬——不，也可以完成——伟大的事物，是多么美妙呦！我曾经做到了。在我的统治下，人们繁衍生息、其乐融融。如果现在不幸可以结束，就让我光荣地为他们战斗而死，让子孙们充满爱戴和崇敬地纪念我，让他们为我的命运默默流泪！（静静地沉思，突然惊醒）我的理智飘向了何处？有危险吗？我还巍然挺立。我是否应该改变主意，谨慎地远离不幸，让异乡人知道他们自己的身份？

奎特拉胡阿（上）　帝国的卡兹克们已经集合起来，我请求你，这次倾听他们的请求。此外，西班牙人也到了。

蒙特祖玛　又是老调重弹，无尽的抱怨！一俟西班牙人离开，一切就结束了！这个瞬间很快就可以出现。

奎特拉胡阿　父王！很久以来，一股无言的哀伤在折磨着你，我看到你额头已留下苦闷深深的沟痕。

蒙特祖玛　我的孩子，你不懂得治人者的忧愁。

奎特拉胡阿　我清楚你长期以来想对我的灵魂掩藏什么。你不再是以前的你了。噢，难道你要你的孩子逼你讲出秘密吗？秋天以来，西班牙人便已来到这里，他们还想停留更久。每个人都在催促你赶走敌人。噢，承认吧，你自己也感觉到自己在这件事上做错了。

蒙特祖玛　我所做的只不过是必须做的，只不过是我的心命令我做的！

奎特拉胡阿　你那骄傲的心呦！噢，父王！你是君主，你的命令会给所有人民带来幸或者不幸。因此，你不可以仅仅遵循你的心！引导你的必须是那群信任你、景仰你的众人的利益。伟大的君主从来都不是随心所欲地进行统治。不幸的是，异乡人到来，如今，将你和人民维系在一起的爱蒙上了一层阴影。请让大家看到，你终于要限制西班牙人了！请驱逐这些令人憎恨的人！你以前是臣民的偶像，请你保护他们，这样以后就不用在忏悔中说"我以前是……"了！

蒙特祖玛　从你的口中听到这些，让我感到心痛。

奎特拉胡阿　逼迫我讲出这些的，只是我对你的爱。人民仇恨这些异乡人，却不得不眼看着你尊重他们，给他们馈赠，对他们的罪行不加惩罚，虽然他们的罪行愈发明显、愈发放肆。我知晓并且看到，他们的不满愈发明显，我不无担忧地预感到，他们私下里如何看你。

蒙特祖玛　我可以视而不见！西班牙人一直都是我的敌人，我也希望没有保护他们这么久。一小撮坏人的批评对我没有伤害，人民会给我提供安稳的保护。

奎特拉胡阿　没有了这种信任，柱石便摇摇欲坠！阿兹特克人一直以来都是勇敢的民族。你已经习惯了他们获胜。他们天生的骄傲无法忍受西班牙人的嘲讽。由于你一言不发地忍耐着，他们会以为，你之所以长时间表现得目空一切，原因仅仅是害怕。

蒙特祖玛　人们敢这么想吗？噢，我可以，我得证明，我是无所畏惧的！

奎特拉胡阿　他们这次是对的，请给他们让步吧。你是最后一位仍在信守约定的人，而敌人从未认真对待它。请做出决断，与他们摆脱关联！犹豫不决已经导致了这么多罪过。不要让灾难肆虐，变得越来越大！

蒙特祖玛　老掉牙的要求！

奎特拉胡阿　要畏惧危险！现在到处都流传着可怕的传言，西班牙人在谋划一次偷袭。他们今天就是为此而来。至于是否是真的，我并不清楚，不过，请保护墨西哥免受这一不幸！

蒙特祖玛(震惊，自言自语)　真的是这样吗？我的预感就这样突然地实现了？可能吗？(对奎特拉胡阿，不安地)你从哪里得到这个消息？

奎特拉胡阿　大街小巷已经传遍了，每个人都相信！

蒙特祖玛　不会的。

奎特拉胡阿　来自科尔特斯的一切都值得畏惧！

蒙特祖玛　我蔑视这种畏惧。他不可能威胁，意识到自己弱点的他，永远不会做这样的傻事！我得等他确实有所谋划。无论什么时候，我都可以消除他的危害。然后，我就没有什么义务，而他就要遭殃了！

奎特拉胡阿　你为什么要等到他们先下手呢？西班牙人并不可小觑，自从他们赢得了所有本来服从于我们的人民，现在更是今非昔比。你得防备！是什么阻碍你在他们计划之前抢先动手？

蒙特祖玛　我的荣誉感（Ehrgefühl）！即便我有诸多可以为我的行动辩护的理由，但是作为皇帝，我永远不能这么做。因为，我所在乎的是我们民族不受玷污的名声。如果我杀死科尔特斯，无论他是否罪有应得，这都是懦弱的谋杀，我不会这样做！奎特拉胡阿，你将会是我王位的继任者，我要问你的良知，你是否会愿意愉快地牺牲荣誉，仅仅为了消除民族的敌人？

奎特拉胡阿　我？父王，毫无疑问！

蒙特祖玛　你会吗？

奎特拉胡阿　我的心肠并不坏，而且我会重视我的良知。不过，众人口中的荣誉，什么都不是，它只是个概念，人们用它包裹着自己，以便遮蔽自己真正的平庸。出身无名的小人物，他只是生到世上，然后死去，最后籍籍无名地结束一生，这样的人才需提升自己的荣誉，一旦丧失，他便如行尸走肉。因为，话语（Worte），话语是小人物的世界。

蒙特祖玛　荣誉使人超越自己。

奎特拉胡阿　它像锁链，把人的思想始终拴在狭隘、密实的轨道上，迫使他常常违心地行动，直至导致自己的不幸。缺乏洞见的众人，盲目跟从着荣誉的规条。但是，我们生来并不是为了把他人已经踩坏的小径踏得更为坚实。他们给自己加上的规则，并不属于我们。对我而言，要被唾弃的事情是，为了这个平庸、乏味的形象牺牲君主的至高职责，或者，将臣民的福祉献给偶像（只有愚人才会把自己出卖给他）和出自愚昧的荣誉概念。

蒙特祖玛　那些话语里蕴涵着对我来说特别重要的意义。我从来不这么认为，从青年时期起，它就是我坚定不移持守的。那么，我可以听听你的真心话吗？

奎特拉胡阿　当然可以，父王！请你来主宰吧，向你的激动——我从你高贵的举动可以看得出——让步！难道要这些西班牙人蹂躏我们的国土，仅仅因为祖训妨碍你惩罚他们？不错，你承诺保全他们的生命，但是不要忘记，他们也对你负有诸多义务。倘若你谨小慎微地将自己束缚在他们一开始就轻视的话语上，那么，你永远也无法从他们那里获得敬重。

蒙特祖玛　此言也的确不虚！

奎特拉胡阿　此一时彼一时（Die Zeit verändert sich）。君主不能总是信守义务，他应该保护人民免受一切灾难，不过，自然的发展并不均衡（im Gleichmaß），偶然以千变万化的形象靠近，从各个方面威胁着他的意愿。人们不应从一开始就决定，在遥远的将来必须如何行动。一个瞬间可以发生许多不同的事。现在请向西班牙人宣告义务废止，因为危险来自他们一方！

蒙特祖玛　我的得救得感谢你！是你将我从将要吞噬我的深渊里拉了回来。现在我看清了我的义务。我今天就会向科尔特斯宣布我的旨意！

奎特拉胡阿　现在，立刻。西班牙人已经到来，我已看到他们。让他们看到你的严厉！（下）

蒙特祖玛　是的，我会这么做。现在我从痛苦的负担中解脱了，它曾肆意地压抑着我的心。现在我感觉到自己是一致的。我的天命还没有降临，它只是在远处高昂着它骇人的阴森头颅，给人以震慑。我还是像以前一样强大，我拥有总是给我施以援助的坚强意志。我面前还有光辉的岁月，我大可以放心地憧憬未来！

卡兹克们上，站在王位两侧。随后，科尔特斯与其他西班牙人上，站在蒙特祖玛前方。

蒙特祖玛（冰冷地）　费尔南多·科尔特斯！你请求我再次接见。

科尔特斯　高贵的皇帝！你的仁慈令我们来到此地，并找到了庇护。你同我们这些异乡人建立了友谊盟约，并赋予我们客权，这对于所有民族而言都是神圣的。我们一直以来尽力遵守盟约，并没有觉得任何义务的沉重。很遗憾的是，你们中某些人并不这样觉得。（阿兹特克人一阵喧哗）——阿兹特克人呦，如果有个不得不为许多人的性命操心的人看到危险时，无法保持沉默，那么，请你们原谅。暴力并不是我们的手段，你们的友好不允许我们这样做。

特胡阿斯　不过，我们的友好并没有阻止你们暗地里成倍地增加特拉斯加拉人的数量，根据盟约，你们不被允许增强他们的力量。（阿兹特克人交头接耳）

科尔特斯（极为尴尬）　这……并不是这样……

特胡阿斯　你们已经暴露了，人们太了解你们啦！

科尔特斯　那不过……注意，那不过……特拉斯加拉人……

蒙特祖玛　到时候会水落石出。现在请解释，是什么促使你再次来到这里。

科尔特斯　几天前，位于韦拉克鲁斯的西班牙使者来见我，一天晚上，他们被一股强大的力量袭击，一位卡兹克亲自领导军队进行了攻击。我们的人虽然顶住了攻势，但是牺牲了许多。由于受到这次偶然成功的鼓舞，周围的人们群情激愤准备战斗。这是我的遭遇，而且是来自你这一方！我们的客权就这样被剥夺！你不会这么做，或许你并不知道此事。噢，皇帝，我请求你，不要容忍人们利用你的意志来恶作剧！（卡兹克们大为恼怒）

蒙特祖玛　你说得太过放肆，我对你的话感到震惊。而且，它越是虚假，我便越是吃惊。科尔特斯，我并不习惯听异乡人说这样的话！

科尔特斯　你的责备是对我的伤害！根据空洞的流言如此斥责我们，令人伤心。不过权力在你们手里。

蒙特祖玛　你想说的是，他们不义。你们越来越傲慢！是时候结束了。听着，卡兹克们，什么才是异乡人在这里被允许的！我也清楚到底发生了什么，可以毫不留情地揭露真相。你们以放肆的嘲弄刺激我的子民，他们按照我的旨意，长期以来静默地忍耐着。我本想避免盟约的破裂。不过，西班牙人冲进了庙宇，进行洗劫，以贪婪的双手抢走虔敬事神的捐赠，在这时候，阿兹特克人方才勃然而起，开始报复，这是你们的举动所应得的。科尔特斯，你说，这是毁约吗？那么，你要清楚，谁负有罪责！

科尔特斯　我只想承认的是，我们是无辜的。如果说谋杀的举动可以不用赎罪，我们在这里也无法确保不受袭击。

蒙特祖玛　赎罪只有死罪——够了！只要你们还停留在此地，就受到保护。期限到头了，请你们明天就离开这里，前往海岸，你们在途中仍然是安全的。

阿圭拉　需要商议的还有许多，不要着急让我们启程。

喀喀玛　请告诉我们，你们来这个国度的意图究竟是什么。你们一直找新的理由要留在这里。已经没有人信任你们了。

特胡阿斯　你们要小心点儿，我们会用宝剑告诉你们路在何方！（响亮的鼓掌声）

蒙特祖玛　你看到了，没有人希望你们留下来。走吧，走吧，不要再破坏我们的祥和！

科尔特斯　蒙特祖玛，我还得留下来！（卡兹克们怒不可

遏，表达着切齿的恨）

　　蒙特祖玛　肃静！我不会改变主意，你们走吧！我会再给予你们一次帮助，特拉斯加拉人可以陪你们一程。待你们走后，他们会因为自己的背叛受到惩罚。

　　科尔特斯　陛下——

　　喀喀玛　自从你们到来，人们对你们的了解只有暴行。这里的人无不从心底蔑视你们，无不希望你们从此消失。把神圣盟誓当作儿戏的人，只配被蔑视！

　　阿圭拉　请进一步好好了解我们，我们并非不正直。

　　特胡阿斯　你们无法欺骗我们！

　　阿尔瓦拉多和阿圭拉　我们向你们保证——

　　诸位卡兹克　你们是骗子！（突然一片尴尬的安静）

　　科尔特斯（起身）　我们在这里争执再久，也于事无补。你的大臣太过激动。我还要求你办一件重要的事，只针对你一个人，其他人不允许知道。这涉及我们此行的目的。请下令吧，让我们可以单独在一起片刻！

　　蒙特祖玛（同样起身，卡兹克们走近）　我在卡兹克们面前没有任何秘密！如果你想要说的话，就趁现在。这是你最后一次站在我面前了。

利翁（对科尔特斯）　算了吧，皇帝陛下畏惧你。

蒙特祖玛（被激怒）　你这无赖胆敢如此放肆？好，你们会知道中伤寡人并不是没有代价的！诸王们，退下！让我们单独留在这里。你们以为，我会惧怕这些强盗吗？他们会在我面前发抖！退下！立刻！向所有阿兹特克人宣布，西班牙人明天就离开都城。（所有阿兹特克人离开大殿）

科尔特斯　当我回到我的国王身边，在他面前禀告我此行的结局和你的答复，我无法空手而归，因为——

蒙特祖玛　我清楚，用黄金来表达内心的激动，是西班牙的习俗。因此，我已经让你们满载而归。

科尔特斯　你的仁慈施予的一切，都到了士兵手里。因此，请允许——

蒙特祖玛　我不喜欢讨价还价，这令我反感。无论你们要多少，我们都会满足。你还有其他愿望吗？那就告诉我！

科尔特斯（思考了很久）　我的国王根据自己强有力的意志，驾驭着半个寰球的人民。他的权杖也已经远及此地。当他听说，在遥远的海岸有一个未知的奇幻国度——

蒙特祖玛　请长话短说，这些都没用。

科尔特斯　他派我前来，并不是为了订立友谊，因为他不需要这个。（蒙特祖玛盛怒）听着！欧罗巴的君主都是他的臣仆，没有人可以违逆他强有力的命令。我是他至高意志的捍卫者，他命令你以后臣服于他！①

蒙特祖玛（站起来） 放肆！这是在滥用我的宽容！请消失！立刻！

科尔特斯 请想想，他是在和气地要求你，不要令他发怒。如果他愿意，便会派遣军队，还没有哪个敌人在战斗中胜过他的武装。

蒙特祖玛 我不惧怕任何战场上的敌人，我会心平气和地等待。不过，请告诉这位陌生的统治者，作为这里的皇帝，我会抵抗他！倘若他想要展示自己的权力，尽管派遣军队前来。不过，没有人，没人可以活着从异国他乡返回。欧罗巴人，你们从哪里得到权利，侵入与你们毫不相干的他国？你们总是利用武力和欺骗，冷酷、野蛮、残忍地贬低他人的信仰，并广播你们的信仰。你们的神难道比我们的更善良？难道我们不是同样享有权利的人吗？你们强迫自由的民族臣服，迫使他们为你们可鄙的利益服务，谁若是要求权利，只能卑微地死去。你们无情地践踏着我们的幸福，以便在废墟上发财致富。这就是白种人的声誉！我不想

---

① 蒙特祖玛对西班牙国王的官方效忠誓词都可以在科尔特斯、卡斯蒂略，以及索利斯那里找到，参见 Bernal Díaz del Castillo, Geschichte der Eroberung von Mexiko, S. 245–246; Hernán Cortés, Die Eroberung Mexikos, S. 71–72; Antonio de Solís y Rivadeneyra, Historia de la conquista de Méjico, S. 233–238。普莱斯科特也从这个场景多有衍生，参见 W. Prescott, Geschichte der Eroberung von Mexico. Mit einer einleitenden Übersicht des frühern mexicanischen Bildungszustandes und dem Leben des Eroberers Hernando Cortez. 2 vols., Leipzig: F. U. Brockhaus, 1845, S. 536–537。很明显，斯宾格勒没有将这个在历史上不那么可信的事件放入自己的戏剧。

了解你们！你们不请自来。请你们满足于属于自己的故土，让我们在自己的土地上和平地生活！我不会骚扰你们的民族，让我们各安其所，放过我们阿兹特克人！

科尔特斯　你在这里所说的，我会禀报给我们国王，他一定会对这些话感到愤怒。现在，我警告你，你自己要承担后果！我现在提出我第一个请求。或许对于所有暴行，我们西班牙人并非无辜。不过，你们也并不清白。我将根据法权（Recht）来惩罚有过失的人，也要求你这么做。那位不讲信义、领导着阿兹特克人的诸侯，应该——

蒙特祖玛　我有权决定他是否受到惩罚！你们在我的国土上没有法权。

科尔特斯　我之所以坚持，并非固执，是荣誉，是我作为将军的职责迫使我这么做。倘若我坐视自己的士兵丧命于你们手里，却不为他们报仇，那么，这会是我的耻辱。（不怀好意地）据说，你尤为看重荣誉，是这样吧？

蒙特祖玛　你猜中了我的心思。我不会对你掩盖真相，你们要控诉的那个人就在都城，他可以立即在你们面前为自己辩护。

科尔特斯　据说，也应该听取另一部分人的意见，西班牙人也应该来。

蒙特祖玛　你们的阴险企图令人无法忍受。请开诚布公地告诉我，你们的意图到底是什么！法权与规则对你们来说，是完完全全的借口，它只会使你们的逗留一再延期。

科尔特斯　这背后有深刻的原因。你自己一定看到了，我无法离开。找其他理由还有用吗？对我们而言，双重保护在未来有必要。面对这片大地四周的威胁性的武器，我们毫无反击之力。此前，你的意志或许可以给我们提供保护伞，不过，现在证明，它无法为我们阻挡众人的愤怒。在这种紧急情况下，要求你为士兵的生命提供足够的担保，这个愿望是正当的。不仅仅是言辞——

蒙特祖玛　我如此慈善，向你们提供一切，甚至过多的馈赠，却得到这样的感激！你们对幸福永不满足，你们不知餍足、毫无廉耻地，一再伸出你们贪婪的双手。你们想在我的帝国插手！我清楚你们的所作所为！

科尔特斯　我之所以继续坚持并不是出自贪婪，而是自卫。

蒙特祖玛　先前只是恳求的东西，现在变成放肆和信口开河地索要！你们忘了，谁才是君主！

科尔特斯　请干脆地告诉我，你是否愿意提供保护。

蒙特祖玛　我多么愿意忘掉早前的事情。我会为你们的安全担保。但愿人们不要因为异乡人的死而责备我。只要我命令不能伤害你们，就不会有人去拿起武器。

科尔特斯（平静和镇定地）　由于只有你能够以威望和人格使众人远离我们，因此，我请求——只要我们还需要保护——你本人为我们的生命提供保障。我们的营地既有符合皇帝身份的华丽，也为你配有随从。就在那里保护我们的安全吧！

蒙特祖玛　毫无信义的无赖！卑鄙的民族！你们这些下贱的奴才，通过欺骗和诡计取得我的信任，现在竟胆敢要求我作为一国之君，亲手将自己送到异国强盗手中，成为你们的俘虏？你们这些因为我的仁慈而活命的人竟敢如此放肆？忍无可忍。友好的盟约永远地破裂了！请你们尽快滚出此地。

科尔特斯（冷漠地）　皇帝陛下，你搞错了。而且，你不会伤害到我，你的指责会在我的心灵上遭到反驳。

蒙特祖玛　你们现在就得彻底地偿还长期所欠的罪责。没有人可以躲过一死！

科尔特斯　倘若你仍以为今天还同往日一样，那你就错了。我们在人民中的声望，很快就因为你的弱点——无论你怎么称呼它——而得到巩固。如今，我可以安心地对你的威胁视若无睹。我再也不是那个曾经没有权力（machtlos）、不受权利保护（rechtlos）的软弱异乡人了。只要人民支持你，对我来说就是威胁。不过，许多人民已经倒向我们一方。向我妥协吧，我愿意再强调一遍上述愿望！

蒙特祖玛　恶棍，你想要威胁！在这里，在我的皇宫里？恬不知耻！我要对此进行可怕的报复！现在就动手，不受任何盟约的束缚，没有什么可以约束。（走向门口）你们会知道我的厉害！阿兹特克人，进来！

科尔特斯（跟着他）　回来！你现在是孤家寡人！不要忘了，你在我们手里！

蒙特祖玛（拔剑）　哈，无耻之徒！你们意图如此卑鄙、如此阴险地战胜我？闪开！滚开！谁若是胆敢碰我，我叫他血溅当场！

科尔特斯　放下武器，你被俘了！

蒙特祖玛　我永远不会屈服！懦夫，退下！我再说一次：退后！

科尔特斯　我再一次警告，和平投降！

蒙特祖玛　绝不！

利翁（走到皇帝身后）　你们还犹豫什么？你们为什么要饶了他？不用废话！将这野蛮人击毙！

所有人涌上来。蒙特祖玛自卫，杀死一个敌人，不过落败。

一个西班牙人　把他压在地上！绑起来！

另一个西班牙人　投降！

蒙特祖玛（想要自杀）　我毋宁死！

阿圭拉　拿开他的剑！

科尔特斯（嘲笑的口吻）　你难道要以死来拯救你的荣誉吗？你已经为了它而将人民出卖给我们。如今为时晚矣，从现在起，我是这片土地的君主。拜你的过失所赐，为了你的荣誉！尊贵的皇帝，放下吧，放下。

蒙特祖玛（被制服，沉默很久）　这是我的宝剑！请将我带出宫殿！（将宝剑扔在一旁）为时已晚！为时已晚！我终究受到了惩罚！因为虚荣的好胜心，我忘乎所以，而这报复，也是罪有应得！永别了，高贵祖先的灵堂！我再也没有任何颜面把你们祭奠。

阿尔瓦拉多　动身！诸侯们会找到这里的！

阿圭拉　很危险。

利翁（去了前厅）　迅速！人群聚集起来了！如果我们不快点儿，他们就冲进来了。

蒙特祖玛　西班牙人，请听我说！科尔特斯，听着！如果我的下台、我深深的不幸，可以打动你的话，请不要拒绝这个请求：不要让阿兹特克人知道，我是你们的俘虏。请告诉他们，我心甘情愿跟着你们！这是我人生中的第一个谎言。如果他们现在知道了真相，面对人民时的耻辱也会杀死我。

科尔特斯　可以！快点离开！时间宝贵。

一行人离开。可以听到一群人在大声喧哗。随后，奎特拉胡阿、特胡阿斯以及其他卡兹克从前厅上。

一位卡兹克　背叛！我们被出卖了！

另外一位　难以置信！

特胡阿斯　如果没有他，谁来拯救我们的国家？

喀喀玛和其他人从后门快步上。

许多人（齐声）　哪里来的喧嚷声？发生什么事了？

其他人（齐声）　令人震惊！地上全是血！谁杀了他？

特胡阿斯　听听可怕的消息吧：皇帝被俘了！

所有人大惊失色。

喀喀玛（踉跄着退后）　可怜的皇帝！什么！不可能！

另外一位　不可能！

另外一位　不，你在开玩笑！

另外一位　西班牙人刚刚把他带走。

另外一位　他进行了自卫。这里还躺着一只"死狗"。

其他人（齐声）　不幸呦！我们怎么办？

喀喀玛　你们不能去救他？懦夫！在你们看来，他好像已经
死了。难道，你们要抛弃他？（对奎特拉胡阿）我的孩子，你也

在内？（奎特拉胡阿面无表情）

　　特胡阿斯　他没有被俘。请听一听真相！他心甘情愿地离开我们，并跟随他们而去。

　　许多人（混乱地）　说谎！这不是真的！他永远不会这么做！

　　特胡阿斯　我要去攻击西班牙人，他要求我不要轻举妄动，并说自己不是被逼迫。

　　喀喀玛（发抖）　你在撒谎！我们的皇帝会这样？

　　一位卡兹克　确实如此！蒙特祖玛心甘情愿跟着他们。

　　喀喀玛　他最好在这里就已经死去！投降！

　　另外一位　他绝不会这样失去理智！

　　另外一位　后来，他表现得不再那么强大。

　　另外一位　的确，他惧怕西班牙人。

　　其他人（齐声）　他以这样的方式离开我们，不幸的我们呦！

　　奎特拉胡阿（以可怕的语气将喧哗压下去）　大家闭嘴！请听我说！他是我的父王，他背叛了我们。我们现在完全被抛弃，被出卖给敌人。只有战斗，才可以拯救我们旧时的自由！这是至高的职责。敌人很强大，没有统领的胜仗是不可能的。

许多人（齐声）　谁来领导我们？蒙特祖玛不在了。

喀喀玛　人民只服从于他。一直以来，他是统领，没有了他，任何人都不能够战斗。

其他人　奎特拉胡阿，你来领导我们！我们信任你。

奎特拉胡阿　我必须消除因为他而令整个民族深深蒙羞的耻辱。阿兹特克人从未投降过。

喀喀玛　你是王位的继任者，请证明你自己对得起先人。领导我们吧！

众人　我们信任你。请领导我们去战斗！

喀喀玛　我们要齐心协力。一旦战斗开始，蒙特祖玛就会死。噢，你们不要忘记，他之前对我们的所作所为！

一部分人　他现在背叛了我们！

其他一些人　去战斗！

一位卡兹克　如果不自卫，我们都会死！

奎特拉胡阿　我会成为你们的统领！如果你们不愿失去自由，就全力以赴！贪婪的西班牙人已经在觊觎我们的宝藏。他们嫉妒我们的幸福，嫉妒我们父辈高尚的信仰。最珍贵的事物危在旦夕！你们愿意跟从我吗？

众人（激动地）　赴汤蹈火，在所不辞！我们跟随你。

奎特拉胡阿　如今，我们无法按照阿兹特克人的常规公开与他们交锋。因为，父王做了他们的人质。噢，我爱着他，也无法恨他是叛国者，他应该活着。西班牙人用来奴役我们的诡计和欺骗，可以用来拯救！他们的歪门邪道现在要为我们所用。我们必须在最肮脏的欺骗的阴暗里找寻自由。

喀喀玛　人民也不应该知晓我们的计划。知道的人多了，敌人也会听到。

奎特拉胡阿（抽出宝剑）　谁愿意为我们的国家去上战场——有必要时——去献身？

众人（激动）　都愿意！都愿意！

特胡阿斯　危难时刻，没有人会辜负祖国！

奎特拉胡阿　那么，请抽出宝剑，起誓！（众人举起宝剑）以神的名义起誓，他在自然的生命中、在轰隆而下的闪电中、在万物的斗争中，展示着自己的强大。以神的名义起誓，他驾驭的复仇令人惊骇。忠诚的阿兹特克人呦，现在请发誓：我们要进行生死存亡的斗争，战胜狡诈、毫无信义的西班牙人，他们放肆地挤压着我们的权利，我们要将自由还给祖国。西班牙人打破了我们的幸福与和平，无耻地玷污了我们的神灵！我们现在要对他们进行报复。同他们之间的盟约和权利统统作废。我们可以不择手段。在寂静夜里的黑暗中，利用毒药和匕首，还有狡计、谈判、贿赂，消灭他们，将他们从大地根除。我们不应停止使用最邪恶的手段，直到最后一个将死之人倒下！谁若是还谈什么和平，谁若是还高呼条约，就让他受到诅咒！我们被迫忍受得太过沉重！不应留一条生路。如果胜利带来了渴望的自由，我们应该用俘虏的鲜血满满地浇灌战神的祭台。阿兹特克人呦，请以可爱祖国的名义，承诺你们永远坚定的忠诚！

众人　是的，我们宣誓。

奎特拉胡阿　谁若违背诺言，等待他的就是死亡！

落幕。

第三幕　第五场

西班牙人位于墨西哥的营地（如第三场）。夜里。几支火把照亮着屋子。
何塞和弗朗西斯科站岗。

何塞　要是将军能来多好！外边夜已深，这里面也逐渐冷了。整夜整夜地站岗，真是太苦啦！

弗朗西斯科　你永远都不知足！

何塞　我们像囚徒一般困在这里，却不敢再踏出去半步，因为外边的人会立即杀死我们。这种寂静使我感到，时间长得令人难以承受。

弗朗西斯科　你应该感激科尔特斯才对，他毫不费力地使你变得那么富有——我已经存了满满一袋儿金子啦！

何塞　的确！他很幸运。他如今就像个皇帝，富有无人可及。我乐于看到他这样。我高兴的是，终于看到他笑逐颜开了。

弗朗西斯科　是呀，以前他看起来总是闷闷不乐。所以，我们现在也得到好处。（沉默）他今晚去哪里啦，这么长时间？如果我扛着一麻袋金子回去，古巴岛上那些人得多生气呀。当时，当我离开的时候，他们还嘲笑我。以后我就可以像个主教那样生活啦，可以蓄奴，可以鞭打他们，想养多少就养多少。我游手好闲，可以饮酒、赌博、骂娘。圣方济各在上！我将要过的日子会充满乐趣啊！

何塞　不要高兴太早！你可知道，那个叫佩德罗的家伙也总是那么高兴，直到一天站岗时突然就消失了。阿兹特克人把他捉了去，宰啦。在这些蛮子面前，没有一刻是安全的！

弗朗西斯科　何塞，你刚才是否听到有人小声说话？去看看，前面，就在暗处——我又听到了。他们今晚似乎要对我们动手了！天哪，我害怕。

何塞（去了前厅，张望）　什么都没有，只有晚风，吹拂着庙墙上的枝丫。

弗朗西斯科　你讲的故事总是让我提心吊胆。可怜的佩德罗！这庙墙内可真让人毛骨悚然！他们似乎要解救蒙特祖玛！

何塞　所以我们才在这里守卫。真让我难过，自从他被俘以来，整个人绝望了，不吃也不喝，整日一言不发。

弗朗西斯科　这个蠢货！我恨他。当阿圭拉走进来要给他施洗时，他几乎不瞅他一眼。当阿圭拉要令他改宗基督教时，他从头到脚鄙视地打量着他，然后转过了身。我们的神父呦！

何塞　我先不想听这个。有一次我和他单独待着，他问我，是否听说了他儿子的消息。刚开始我不想开口，因为将军禁止我们这样做，不过他请求了，我就告诉了他我所知道的。他给了我礼物，然后就走开了——我想，他是哭了。你看，将军在给我们发饷之前，总是斤斤计较。而蒙特祖玛所给的，比我应得的多许多。我喜欢这个人。不过，遗憾的是，他不是基督徒。

弗朗西斯科　因此，我诅咒他。真是个无赖！竟然如此对待虔诚的告解神父！

何塞　可是，他得承受许多不幸啊！当我们的将军命人绑他时——太残忍，我真希望没有动手——他一言不发，只不过，我注意到他内心的痛苦。

弗朗西斯科　你当时在场？

何塞　我负责守卫。

弗朗西斯科　噢，讲讲吧！

何塞　大家在院中筑起了火刑架，准备烧死先前在海岸袭击我们的卡兹克。① 他先受到裁判，继而被剥夺了身上的金饰。

弗朗西斯科　要是我在场该多好！

何塞　然后，将军将蒙特祖玛唤了上来，告诉他："你对我还是太过高傲，我要用惩罚让你更驯服些。"当那位卡兹克受火刑的时候，他命人用锁链将皇帝锁起来，皇帝面如死灰，一声不吭、镇定自若地让人锁他，不过，他的身体在颤抖，强忍着眼中的泪水。我从没有见过一位如此痛苦的人。当火堆熄灭之后，他才被放开。从那以后，他几乎不再讲话。有一次我发现，他站在窗边，他注视我的眼神那么伤心、那么可怕，让我不寒而栗。（有人大声地敲门）

弗朗西斯科　听听！是将军！（他们出去开门，科尔特斯和西班牙将领上）

科尔特斯　这样下去不行，得变通。士兵们，将蒙特祖玛带上来！（何塞与弗朗西斯科下）

阿圭拉　你深更半夜叫他有何事？你不需要他。

利翁　不要给他这样的印象，似乎他很有用。

科尔特斯　我能统治吗？我软硬兼施，都已经试过。血腥的

---

① 夸波波卡、其子以及其他十五名战士被公开地烧死在火刑架上。观看了火刑的蒙特祖玛当时被绑上了锁链，参见 Bernal Díaz del Castillo, Geschichte der Eroberung von Mexiko, S. 231; Hernán Cortés, Cartas de Relación, S. 217。

审判没有起到任何作用。现在到处都是反抗。不久，我们只会被人骂无能为力。

桑多瓦尔　千真万确。

科尔特斯　我得做个了断。这样下去可不行。当我俘虏皇帝，并且自己扮演他的角色时，一个严重的错误误导着我，因为我并未预计民众的仇恨。

桑多瓦尔　我早已提醒过你。现在应验了，却没有后悔药。你不可以让人看到，暴力没起到任何用处。

科尔特斯　我清楚。可是别无选择。倘若贝拉斯克斯突然派来他的战船，情况会比先前蒙特祖玛统治时更糟。我要释放他，让他继续做皇帝。他的心高气傲可能因为被俘已经崩塌，他一定会乖乖按照我们的意愿去做。人民永远不会忘记，正是他为我们铺平了导致他们不幸的道路。

阿尔瓦拉多　不过，他一旦自由，我们就遭殃了。

科尔特斯　不可能。就像在这高墙之内，王位上的他同样是孤家寡人。他唯一的儿子谴责他是卖国贼。为了保住王位，他需要我们。因此，我们的保险是双重的。

阿圭拉　也不要忘了酬谢。对于教会的诺言，请不要一拖再拖。它已经拖得太久了。

科尔特斯　我现在正在加快步伐。

阿圭拉　那就要求皇帝，把那座大庙给我们使用。我们应该在它那平屋顶上建造高耸的十字架，让整个都城都可以看到它。

阿尔瓦拉多　这恰恰是导火索，整个国家将发生可怕的反抗！

阿圭拉　我认为不会到这一步。不过，科尔特斯，皇帝是否先行发饷呢？他的财力那么雄厚，而兵勇——

桑多瓦尔（严肃地）　这个想法让我感到很沉重。我们在危急关头虽然曾安然无恙，但是现在，你们还要挑起人民的反抗，我们必将粉身碎骨。

科尔特斯　我不怕这个。皇帝会给我们保证和平。他应该帮助我得到本来将我吸引到这个国度的东西。

桑多瓦尔　科尔特斯！科尔特斯！你只想为自己剥削这个国度，你的心志不可以再高些吗？除了得到冒险者的名声，拿着抢来的黄金大肆挥霍之外，你没有更好的目标吗？高尚的追求对你来说真的那么陌生吗？科尔特斯，你要知道，我总是默默地希望，你可以感受到我的灵魂！当我看见这个国度时，无权力的低下地位带来的不幸令我难过。我们站在座座高山，俯瞰着这个峡谷。——是一幅任何神灵也无法创造得更美好的景象！环绕山巅的葱翠森林，清澈见底的瀑布的银色面纱，明镜般平滑的湛蓝湖泊，位于其上金光闪闪的，是童话般壮丽的都城。当这幅景象打动我的灵魂，当我也认识了与这个国度同样高贵的阿兹特克人，我只能嫉妒那可以统治这个天堂的人，我的内心最深处突发奇想，要是可以占有它，或许值得犯罪。呜呼，我无法占有这颗明珠！而你有幸可以，噢，请不要放过它。

科尔特斯　我的朋友，你在发狂！它对我有何用处？我只愿得到荣誉和财富，不奢求其他。

利翁　这样，我们也知足。

阿圭拉　我听到蒙特祖玛来了，看，他来了！

西班牙士兵举着火把从后门穿过，后面跟着蒙特祖玛，他高傲地挺拔着身子，不过面色苍白，悲伤。

蒙特祖玛（久久沉默不语）　听说你请我。

科尔特斯　蒙特祖玛，好久不见！你备受伤害的心灵令我感受到辛酸的仇恨。我现在后悔的是，在那个不幸的日子如此严重地惩罚了你。事情既已发生，就请忘记早已过去的，我伸出双手请求和解。（蒙特祖玛一言不发）你鄙夷地沉默不语，目光注视着地面？请不要如此粗鲁地拒绝我的友好！

蒙特祖玛（冷漠，不屑）　束缚着我的冰冷铁索已经教会我，什么是你的忠诚友谊。

科尔特斯　我活该受到这样的责备，是我欺骗了你。只不过，请想想，困境多么频繁地迫使我这个男子汉采取行动，而他的良知却强烈地谴责这些行动。我想弥补曾经对你的所作所为。

蒙特祖玛（冷漠地）　我了解你，你再也无法欺骗我。你现在还在用狡计引诱我。你硬如磐石的心，感觉不到言辞的温度。

　　科尔特斯　你不愿和解，不愿意忘记我不得已采取的行动？我眼中的你可不是这样不懂得感恩。

　　蒙特祖玛（努力地控制自己）　你难道是不得已才来到这个国度？你难道是不得已才欺骗我、将我囚禁？是贪婪，是卑鄙无耻！

　　科尔特斯　如果你遭受的不幸令你如此痛苦，我愿意原谅。你现在会知道，我是多么诚恳。今天，你自由了，请回到你的人民中间，回到你的王位。我会为你献上我安全保障的祭品，我毫无保留地信任你的宽宏大量。

　　蒙特祖玛　恬不知耻的家伙，你不会对你的祭品感到羞耻吗？你还想嘲讽我？你剥夺了我的王冠，现在却意图从你的手中将它赠予我？对于你们，我总是友好相待。作为感激，你们狡诈地偷袭我，将我——一国之君——囚禁起来！我的颜面从此荡然无存！永远，我永远不会重返王位！永不！

　　利翁　心高气傲的傻瓜，如果你不愿意，那就待在这！只是不要再责骂我们，懂吗？不要忘了，你跟我们绑在一起，因为，除了这个国度之外，你没有故乡！

　　蒙特祖玛（充满威严）　侮辱无法抵抗的虚弱对手，并令他体味自己的不幸，这也是你们西班牙人的伎俩。我在生命里已经受过很多苦，我也将鼓足勇气去承受命运所带来的一切。我不会向你们祈求容身之所，倘若你们残暴地将我赶出，我有一个人了断的力量，不需要你们的帮助。

　　科尔特斯　噢，蒙特祖玛，请听我说！阿兹特克人不会顺从，一切都会完蛋。请统治他们吧！只有你懂得如何驾驭。否则，我们大家都会灭亡。

蒙特祖玛　这就是你们的友好面具之下所隐藏的！害怕我的人民！

阿圭拉　别理他！你一定得请求他吗？——稍等，我们对你还有一个要求，它不能一拖再拖了。皇帝，请下旨将那座大庙腾空。我们曾给我们的上帝许愿，要将它作为胜利的酬谢。

蒙特祖玛　我绝不同意！你们的神一定是邪恶的，否则，你们一定会更为善良！你们——

阿圭拉　不信神的人，在惩罚面前颤抖吧！想想那位卡兹克的火刑架！皇帝，他是你的前车之鉴！

蒙特祖玛　那就动手，去玷污神圣吧！我不会阻止，也无法阻止，不过，你们不久将会受到惩罚！

科尔特斯　你就是担保！如果他们报复，你会为之牺牲。

蒙特祖玛　那就拿去吧！现在就杀死我！你们要隆重地为自己的暴行戴上桂冠。但是，要知道，你们绝不会从这里所行的暴行收获任何结果。人民不会再忍受你们的压迫。一旦你们敢于触犯最为神圣的事物，他们会在起义中崛起。在这场伟大斗争中，我必须牺牲，因为作为一个被打败的人，我无能为力，但是，我的愿望和阿兹特克人同在！

科尔特斯　现在我领教你了！你会受到严加看管。一俟你的言辞转变为行动，就是你的死期！——士兵们，现在跟我来。天马上亮了。

蒙特祖玛　卑鄙的人呦，滚开吧！科尔特斯，以每天朝霞的名义，我发誓，如今注视着你们暴行的太阳，有一天也会照亮我们的复仇！

西班牙人下。大厅渐渐被阳光照亮。

蒙特祖玛（长时间僵硬地站着）　独自一人承受着痛苦！独自一人！独自一人！这样的不幸，我得承受多久？噢，但愿他们让这沉郁的苦痛自行消解。在我看来，这样更好。他们撕开了我的伤疤，勾起了我对美好希望的幻想，这是无法再见的自由。我的灵魂最深处肆虐着绝望，我感到命运莫可名状的悲惨，这种毛骨悚然的感觉再次将我攫住。（坐在一张椅子上，久久沉默）

我不否认自己并非无辜。过度的荣誉感驱使我，为了自己，敢于不顾一切。这个罪责的代价便是我的垮台。我现在无辜地承受着自己一生的全部悲苦。这并非我应得的。我之所以犯错，是因为我愿意吗？是命运将我赶到错误的命途，不断地赶着，直至没有了回头路……继而，它将我推开，抛向了无常，让我灭亡。人的一生啊！谁说“人可以随心所欲”，就是在撒谎！意志并不由我们掌控。噢，多么可怜的人呦！怀着昏昏沉沉、身不由己的渴望，游走在善与恶之间，陷入不幸，毫无自己的意志。即便凭借自由视野、精神伟力而超拔的伟人，也只能够眼睁睁看着尘世悲苦无边无际的泥淖和创世者永恒的诅咒。他们中最伟大的，也无法摆脱这个诅咒。

神圣的神灵呦，要是我不知道，即便你也不得不遵从无法捉摸的力量，它们可以随心所欲地将你击碎，要是我不知道该多好，我恨你！（起身）你对拯救我们无能为力。生命太过虚弱，而无法胜任这样的斗争，无边大地上的人究竟是何物？是危机四伏的茫茫海上浪头的一叶孤舟，命运的风暴激起海浪，然后咆哮着将它掷向坚硬的礁石。任何驾驭都无济于事，只有盲目的偶然决定着，或沉没，或得救。命运的巨浪也将我吞噬。我的小船摇曳在风平浪静的水面，明朗幸福的波光闪烁。突然，狂风怒号，风雨大作，将我裹挟。于是，我沉没了。我生命中曾经拥有的，悉数成为遗物，王冠、权力、荣誉，全被剥夺。我现在孑然一身。要是还有一位友人，他可以在眼下令人胆寒的寂静中把我安慰，那该多好！噢，孤独呦，你是痛苦的丑陋伴侣！茕茕孑立！在广阔宇宙中茕茕孑立！（坐下）

　　当他在自言自语时，桑多瓦尔悄悄走进来，来到蒙特祖玛身边，把手放在蒙特祖玛肩上。

　　桑多瓦尔　　不幸的人，你孑然一身？你并不孤独，一位你并不曾结识的朋友，还活在你身边。

　　蒙特祖玛　　是科尔特斯派你来挖苦吗？

　　桑多瓦尔　　噢，蒙特祖玛，我可以感受到你的痛苦，我无法继续沉默，无法继续看着你受苦，无法继续掩饰我的情感。

　　蒙特祖玛　　我可以相信你吗？你们中间还有这样一个有感情的人？

　　桑多瓦尔　　我已经忍耐得太久。来到这片土地时，我便充满敌意，但是不得不服从于将军。对于他的所有行动，我从来都是三心二意。初次见面以来，我便对你钦佩，并且默默地同情你的苦难。不过，无论面对你，还是我的西班牙同胞，我都选择了掩饰。但愿此刻将你我的心在未来一生紧紧联系在一起。

　　蒙特祖玛　噢，朋友，你在这晦暗的时刻抚慰了我的痛苦，我要如何感激你！请你作为此世我唯一可以信任的那个人吧！我要如何感谢你？你叫桑多瓦尔？我听人们这么称呼你。桑多瓦尔，做我的朋友吧！不要抛弃我！

　　桑多瓦尔　那就让人们看到你的强大，与自己的痛苦做斗争吧！你有一颗勇敢的心。要克制自己！

　　蒙特祖玛　这些话会特别伤人和无情地让我看到自己的不幸，你可以收回这席话吗？

　　桑多瓦尔　不用给我说这些。我不会为将军辩护，他是禽兽。不过，请原谅我。

　　蒙特祖玛　我会承受一切，可以并且愿意将其克服。只不过，深深刺入我心的，还有一根芒刺。你不是父亲，无法感受到父亲的心灵是多么不可分割地寄托在疼爱的独子身上。当我还是一国之君时，就在寻找一个理解我的朋友，可以在烦闷的时候向他倾诉我的忡忡忧心。身处孤家寡人的高位，周围尽是一群下贱的阿谀奉承者，人们会加倍地渴望朋友。我所疼爱的儿子，虽然年轻，但是有雄心，是真正的君主！他就像在我面前，他那高贵举动，无论他的心志，还是他的容貌，都同样高贵。没有什么可以将我和他分开，只有科尔特斯，他迷惑了我的孩子，在孩子口中，我成了卖国贼。心里打着算盘的人们，试图阴险地令他的心慢慢远离我。他们达到了目的。与我一样，他也热爱着故土，当他认为我是卖国贼时，便深恶痛绝地同我断绝关系，出于对子民的爱，将我抛开。我多么爱他，多么挂念他，整个心灵为之激动。（恸哭流泪）而他唾弃我！憎恨我！我失去了我的孩子。

桑多瓦尔　可怜的朋友！噢，不要流泪！一切都将改变。最好回想更美好的时光，那时，你还是幸福的。生命的好韶光，是人们的吉星。噢，在过往中寻找慰藉吧，回望你的青春岁月！

蒙特祖玛　桑多瓦尔，走近些，坐在我旁边。我愿意给你讲讲我的青春，从记忆里再次唤醒遥远岁月里明媚的图画。我自幼失怙，在远离宫廷的地方静静成长，与小城的阿兹特克人如邻居般友好交往。人们并不总是快乐的，我在私下里常常听到人们对我父亲的抱怨，它就像一片荫翳投照在我的生命里。我开始懂得——如果君主忘掉的话——令一个民族痛苦的是什么。穷人们经常遭强盗袭扰，法权与秩序无法得到保障。我从未爱过已经去世的父亲，在我心头，他是个暴君。于是，我成为皇帝，未曾想过，民族的命运就在我的一念之间。我想偿还父亲曾经的罪责，而且做到了。我渴望，自己可以幸福地统治幸福的人们。当一切欣欣向荣，人们还将我颂扬时，我感受到的是神样的命运！

桑多瓦尔　噢，你曾经多么幸福！我可真嫉妒你呦！统治是神圣的，但愿我也可以！

蒙特祖玛　曾几何时，命运向我许下了一切。连年征战，胜利总是属于我。不幸从来与我无缘。我的威名传遍各个国度，给人以震慑。人们称我战无不胜。我创造了一个帝国，这是父辈们所不及的。我懂得以宽和来赢得民心，人尽来服。可是突然，迫害诸多伟人的诅咒也降到我身上。和他们一样，我也骄纵于此世，欢乐慷慨赠予我的幸福。身处王位的君主们忘记了可怜的臣民，把权力献祭给自己的自我。好胜心和自豪感是阿兹特克人的美德，就连本民族最卑贱的人也具备。我本人享有威望，可是，我不知餍足地追逐着徒劳的目标，直至我的荣誉变成了妖魔。我忘记了作为君主的初衷，我把自己的名声看得高于人民的福祉。这便是我的命运，而我却没有看清。我爱着我的人民，然而，我把他们当作荣誉的牺牲。现在，报复降临了，他们憎恨我，因为，我忘记了对他们的爱。

桑多瓦尔　他们会后悔，因为，他们错了。这只是上帝给的磨难，使你的心免遭凌人盛气的危害。

蒙特祖玛　不，噢，不是这样。上帝怎么可能折磨人？他难道不知道，我们永远无法对抗命运？我毫无希望，受到鄙弃，永远无法忘记愁苦。我只求一死，然而，我身上的耻辱令我无法再报答阿兹特克人。我仅仅希望，通过热切的祈祷随时制止最邪恶的事情。现在，这样的希冀也成为徒劳。他掠走了我们用来祈祷的庙宇，这座给我们带来慰藉的圣物。

桑多瓦尔　那么，就将希望寄托在未来！这个信仰将会从不幸中搭救你，神圣复仇的一天终将到来。我们无一可以幸免。我深知，而且时刻准备着，将死于你们的复仇。照亮你们的，是一片充满希望的未来。

蒙特祖玛　未来！不错，它深藏不露，在我们面前隐匿，这真是可怜的幸福。若是人们可以撩起诡秘的纱幕，便会令人毛骨悚然地疯狂。不错，我预感到了，某个未来临近了。当火舌熊熊地吞噬我们的庙宇，当不祥的烟雾从祥和的小屋升起，当我们的国家被洗劫，当阿兹特克人在驱赶下遁入蛮荒的森林，以便拯救他们的自由、他们的神圣的信仰——这最后的善，当他们不得不戴着镣铐为你们的田野收割，不得不在鞭笞下朝拜你们祈祷的阴森上帝，到时，我们的末日便临近了。杂乱的呻吟声便充斥着春光明媚的田野，而我们曾在那里驻足。到时，这个国度因驱逐而败坏的勇敢子嗣，将会在友人的坟前，在故土的残垣断壁上，控诉那个出于虚荣和骄傲而招致了一切不幸的人。到时，我的名字将受到万人唾弃，有人问起来，人们便会这么告诉子孙："他曾是我们甜美的幸福，但他摧毁了我们甜美的幸福……"（倒在桑多瓦尔的怀抱）

桑多瓦尔　朋友，不要绝望，表现得勇敢些！

蒙特祖玛（过了一阵，振作起来）　我会的，我不会再去挂念了。这幅画面总是在我孤独的时候折磨着我，现在，我要忘记它。我清楚，我的生命就将走到尽头。

桑多瓦尔　你还会幸福地活着。

蒙特祖玛　幸福？绝不会。我的幸福早就终止了。我还想看到的只有一个，那就是复仇！它会像明天一样到来。

桑多瓦尔　到时，我将会死去。

蒙特祖玛　不，我的朋友，不是你。只要我还活着，就不许你离我而去。不过，你的西班牙同胞罪有应得。可怕的复仇将会使他们灰飞烟灭。他们必须偿命，因为，他们的黑心、他们的命运驱使他们沉到水底。风暴过后，我的宁静也将来临。

落幕。

第四幕　第六场

西班牙人在墨西哥的营地（同第三场）。

蒙特祖玛（独自一人）　夏日即将到来，与往年一样，它用热浪炙烤着春日的花朵。这是人们告诉我的，因为，我无法亲眼看到。许久以来，自从这几堵围墙成为我的囹圄，对我而言，季节已经停止了更替。旧日的生活已离我而去——我甚至不再回忆。这已成为习惯。人呦，你还有什么不能承受？我的威名的庙堂已经崩塌，无法再让我感到痛苦。倘若有朝一日死去，我所遗留的只有耻辱。

是呀，要是死去多好！——现在我不得不时常思考自己的末日。昔日幸福的我，从未有过这样的想法。我不安的理智编织着模糊的图画，不远处，死神露出苍白的面庞。充满希望、生机勃勃的生命即将死亡？永远的告别？我的心里如此忧伤，仿佛死亡很快就会降临。可是，我又无法害怕，死亡又有何妨？自由的灵魂飘然而起，像一股青烟飞散在风中——永恒的安宁！逍遥于无边无际的虚无！隐秘、晦涩的渴望常常将我诱惑。我还可以再一次看到春天吗？不可能了。我已做好准备。重获自由，重新掌权，在意志自由的幻觉里做着美梦！呜呼，永远不可能复返！倘若拨云见日，太阳就会归来，憧憬它的光芒吧！可是，阳光在我的生命里已经退去。事已至此！我早已放弃了欢愉。唯有我的祖国，我不得不向它弥补巨大的罪责——尽管我不再是自由之身，被敌人严密监管，而且被臣民憎恨。人们将我的双手束缚起来。请归还我的宝剑和我的自由！噢，我渴望战斗！复仇是我神圣的职责！它可以补偿人们失去的权利，可以解救灵魂，使之摆脱令人内心煎熬、不断蔓延的疯狂肆虐——直至找到出路。复仇，是他唯一纯洁的空气，是他最根本的感觉。不幸呦，科尔特斯！（科尔特斯上，蒙特祖玛看到他）他又现身了。我不愿再看到他虚伪、狡诈的伪善眼神。（转过身）

科尔特斯　你还在生我的气？不要转过身去！你如此蔑视我，是我应得的吗？没有任何人憎恨你，是你在自欺欺人。我们始终乐于倾听你的愿望。

蒙特祖玛　我可没有要你施舍恩惠。

科尔特斯　不要忽视我们的帮助。除了我的保护，你还可以找到其他人的吗？

蒙特祖玛　噢，是呀，你们虽然凭借欺骗和无赖手段，可以将我同人民分开，不过，请相信我，你们无法完全扑灭他们长期以来对我的爱戴。现在，他们可以使我免受你们及你们匕首的伤害，他们已足够！此外，面对你们这帮朋友，我一刻都不得安宁。

科尔特斯　你不想看到我们会如何对你。

蒙特祖玛　我不是你们的奴隶。无需你们，我也忍受得了一无所有。

科尔特斯　平静地返回臣民身边，同你的孩子重新和好，这一定是你的至福。你得承认，分离令你痛苦。

蒙特祖玛　请说实话，是什么风把你吹来了。我从你的话里嗅到，你一定有借口对我假装示好。

科尔特斯　你的臣民总是威胁着我们，对我而言，难以忍受。他们的仇恨也指向你。对于大家而言，最好有个转变。融洽相处是可能的。

蒙特祖玛　科尔特斯，信任强求不来。臣民不会妥协，我可以理解，是你们的残暴把他们逼到这一步，他们永远不会把你们视为朋友。

科尔特斯　除了暴力，还有更为强有力的纽带可以牢牢将臣民的好感拴住。

蒙特祖玛　你来到这里有何居心？我是你的敌人。

科尔特斯　你应该帮我赢得民心。这是你的优势。

蒙特祖玛（高傲地）　你以为，因为我身处不幸，便会不知廉耻地为了丰厚报酬而摇尾乞怜？如果你这么想，那就大错特错了。不幸并不会令我屈服。

科尔特斯　你清楚，我要让你的人民改宗。这是我的诺言，现在必须将其付诸实践。可是，由于不了解基督教，他们仍深深地厌恶它。如果有个大人物率先做出榜样，其他人也就会照做。

你在此地已经很久了，并且了解这个信仰，就请你先行示范，做个基督徒吧。

蒙特祖玛　我认识到许多眼前的东西，它们只是徒增我的反感。不要指望我的帮助。

科尔特斯　想想吧！众人只有通过信仰的纽带统一之后，内心深处的仇恨方才可以消失。这样一来，自由与和解就会向你招手，你准备好接受这份奖励了吗？

蒙特祖玛　闭嘴，无耻之徒！请勿向任何人展示你无法感知到的耻辱！抛弃信仰、臣服于人的人，都是可鄙的，他毫无羞耻感。与其背叛神灵，我毋宁死！不过，像你们这种人，试图盗走他人的神圣信仰，并强加自己的信仰，你们要受到千万次诅咒。对于无法认识万物隐秘原因的凡人而言，存在创造万物的自然，存在诸神。他始终抱有童稚般的信任，将善与恶归于诸神。他的理智无法领会的、他眼中有效力的所有原因，便是他的诸神。倘若你们残暴地令他们对世界的认识变得混乱，只崇拜你们的神灵；倘若你们把手伸向其他民族的心胸，将热爱的信仰从中驱逐，以便在这荒凉的地方安放你们的神，你们就要遭殃了。科尔特斯，如果你们的信仰使这种行为成为严格的责任，那么，这种信仰一点儿也不高贵。

科尔特斯　你们这些人生活在盲目的迷信里。只有基督徒敬拜的才是真神！

蒙特祖玛　噢，不要再提你们阴暗的信仰！

科尔特斯　只有它才可以带来胜利和幸福。

蒙特祖玛　幸福！我可不羡慕你们可怜的幸福。你们多么战战兢兢、多么凄惨地在生活中潜行呦！你们的信仰败坏了所有乐趣。你们甚至不敢充满信任地仰望天空，那位可怕的神灵主宰的地方，他会折磨你们一生，带给你们悲苦，为了考验你们，常常冷酷地拆散母亲和孩子、男人和女人。尘世中的你们，就像生活在坟墓。祷词、阴森的唱诗，令我的灵魂窒息，你们的教堂散发着腐尸的气息。这些可怕的场所阴沉、幽暗，而你们却将乐趣、自由的心灵，献祭给头顶讨厌的家伙。

　　尘世多么美妙，看看这片天空，它高高地撑起那蓝色的穹顶；看看那清澈的湖泊，湖中是都城的倒影，四周是郁郁葱葱的森林；看看那些蕉树，煦风照拂下沙沙作响；看看那些汨汨的泉水、遍开的鲜花，它们是神灵对人类的致意；看看白雪皑皑的险峰，晚霞为它添上一抹红晕。然而，你们的信仰把世界解释成苦海，毒害了欢乐，使你们变得怯懦、拘谨。在我们欢笑的自然图画里，基督徒只应是那个被放逐的人，他在这里只会躲避欢乐，并懊悔着、忏悔着。不，以高贵、开朗的心灵轻松地享受这份美妙，才称作信仰！美好的日子本来就不多！一旦命定的东西降临，为你们带来艰辛，你们无法高昂着头颅嗤之以鼻，因为，那是你们阴暗上帝的送赠。倘若犯了错，你们会清偿罪责吗？你们可以左右威胁着你们的命途吗？你们无能为力，可是，上面的那位会惩罚。据说，你们应该原谅邻人的一切。他创造了孱弱的你们，一旦你们犯了过错，他施予的是怜悯，而不是爱。他冷酷地细数着错误，然后无情地要求赔偿。噢，你们不会对自己的生命感到欢乐！当你们将死时，回望的尽是苦闷，面对的将是永罚。于是，这也驱使你们变得凶残和暴力，甚至比起降临在我们头上的命运更为残暴。不错，你们有权利诅咒尘世。噢，可以在俗世行乐的人多么幸福！

科尔特斯　我所听到的，只不过是愚蠢的妄言、魔鬼的喋喋不休。异教徒，要小心呦！不要如此放肆地诋毁我们的神圣信仰！它是我的庇佑，曾给我带来胜利和战利品，我必须为赋予我威名的上帝，赢得这些异教徒的灵魂。

蒙特祖玛　毫无爱心地摧毁你们足迹所至之处心灵的圣物，你们以此来服侍爱之神灵？你们基督徒从母亲心头抢走孩子，扼杀他无辜的信仰，将邻人的幸福献祭给你们的上帝。继而，他抑郁地在生活中踽踽独行，被迫跪在阴森的祭坛。在寂静的夜里，他以泪洗面，哭泣着被你们摧毁的古老和善良的诸神。噢，高贵的人不会剥夺他人的信仰！

科尔特斯　多说无益，就这么决定了！

蒙特祖玛　请怜悯那些幸福的阿兹特克人！基督教不合他们的天性。这是个欢快的民族，他们在无声的喜悦中祭祀他们的神灵，他们的心智——如开朗的儿童般对世界感到欣喜——不会懂得何谓悔罪和果报。倘若你们教给他们阴森的教义，他们将会难过，将会愁眉不展。

科尔特斯　这是你无法阻挡的。他们以后会感激我们，是我们展示了未知的天堂、永恒的福乐，是我们给了引导。而你却在讽刺。你就留在原罪里，在地狱里忍受永恒的炼火吧！

蒙特祖玛　你的心如磐石。你野蛮的心胸里从未有过人性的感情。噢，科尔特斯，可怜可怜吧。你看，我在祈求，我在哀求一个剥夺了我一切的人,(下跪)一个带给我莫可名状的不幸的人。我从不相信,会有这么一天,我得在敌人面前下跪——我并不是为我哀求,只不过,求你怜悯,让我的人民生活在古老的信仰里!不要剥夺他们热爱的诸神,这样你就拯救了整个民族的幸福!(科尔特斯不为所动,蒙特祖玛起身)我的末日到了,一切都是徒劳。倘若我的哀求得不到怜悯,就让我们在见识那位将会血腥地收割整个民族——对他威望的奢华献祭——的真神之前,在古老的信仰里死去吧。请你下令,让我们以异教徒身份死去,虽然没有永恒的福乐,但坚信着古老的神灵。

科尔特斯　你终究不愿满足我的愿望!

蒙特祖玛　绝不!休想!不过,将军,看看我吧,尘世上还有天意(Vorsehung)!它也会临到你头上!(下)

科尔特斯　我们不会再这么仁慈地对你,是你拒绝了友谊之手。那么,就永远不幸吧,直至死神来临!可千万不要责怪我!这只不过是你一意孤行和可笑的顽固带来的结果。你自己要对一切负责。

蒙特祖玛穿过后门离开,西班牙人从大厅进来。

阿尔瓦拉多　没能达成?没有,没有,我已经看到了。

科尔特斯　现在,这条出路也被堵死了。

利翁　为什么还要求他?你是了解他的。

科尔特斯　下贱的家伙！我使尽了浑身解数，求过了，威胁了，搜肠刮肚找出了最动听的理由。一切都在他那里遭到反驳。

阿圭拉　现在怎么办？

科尔特斯　我也在问自己。这令我大失所望，本来对这个计划抱有过多期待。在我们稳妥地达到目的之前，只有他才可以——我不想用"安抚"这个词——按捺住这个野蛮的民族。

利翁　现在只有战争了。

科尔特斯　我本希望不至于走到这一步，不过，不用等太久了。皇帝只是再次证实了我不好的预感。一切都准备好让我们完蛋。为那座寺庙付出的代价太过沉重，也许得付出我们的生命。

桑多瓦尔　圣徒的恩典对我们而言，太过昂贵。

科尔特斯　只要都城仍然安稳，我们就无需为安全担心。在此之前，我们必须准备好一切安全措施。桑多瓦尔，我相信你的谨慎，把这座建筑改建为一座堡垒，架上火炮，派人在墙上把守，做好一切防卫准备。

桑多瓦尔　我会照做。

一名士兵（走向前）　太子奎特拉胡阿求见。

科尔特斯　就让他来吧。（士兵下）坐等胜利吧！在父亲那里没能成功的，儿子将助我一臂之力。他不如我们那样懂得以谋略取胜的技艺。就让这只雏鸟钻进圈套吧！

奎特拉胡阿　科尔特斯，由于我答应过，向你传达我们民族的态度，因此，我前来履行我的承诺。整个国家的人民全副武装，热情地参加对付你们的战斗。都城目前还是一片安宁，你们还有时间，想想如何防卫吧！

阿圭拉　难道非战不可吗？你是否可以命令人民不要轻举妄动？

奎特拉胡阿　国家现在失去了他的领袖——蒙特祖玛。

科尔特斯　我赞赏你言而有信，不过，请告诉我，你是否可以向我透露一个稳妥的方式，来避免你们血腥的决断？它太可怕。

奎特拉胡阿　如果……你也许……和他——蒙特祖玛——关系不错……

科尔特斯　真是见鬼！还是蒙特祖玛！

奎特拉胡阿　我父王?!

科尔特斯　我忘记了。噢，如果我令你难堪，请见谅。

阿圭拉（着急地）　奎特拉胡阿，这段时间谁来保护我们免遭暴力？群情激愤的人们没有任何底线。

奎特拉胡阿　现如今，行动已经无法阻挡。不过，我可以保护你们免遭极端，我以我的生命担保。只要死亡还在威胁你们，我愿意留在你们的军营，用我的生命为你们担保。

科尔特斯　你愿意这么做？

奎特拉胡阿　是的，我做好了准备。

科尔特斯　奎特拉胡阿，请接受我的谢忱。你的慷慨大度太让我意外。（外边传来大声的喧哗）

桑多瓦尔　高贵的王爷，你的善良令我们望尘莫及。

科尔特斯　你应该得到一个与你身份相称的住处，只要军营可以提供。桑多瓦尔，我要你——（喧闹声愈来愈大）

阿圭拉　听啊，多大的喧闹声！

利翁　人群聚集了起来。

科尔特斯　你们去问问，发生了什么。

阿圭拉　呜呼，不幸呦！

科尔特斯　去吧，快！

阿尔瓦拉多和利翁刚要出发，一位信使上气不接下气地从庭院冲进来，士兵们跟了进来。

众人（异口同声）　怎么了？发生了什么？

信使（上气不接下气）　将军，你要失败了，你的敌人——

利翁　什么？

信使　贝拉斯克斯派遣他们……他们登陆了……

科尔特斯（吓得退后）　西班牙人？大能的上帝！

桑多瓦尔　他们什么时候到来？

信使　在漆黑的夜里———支人数众多的队伍——几百人，带有火炮和战马。[①]

惊讶的科尔特斯一言不发地一动不动。

阿圭拉　圣母呦，解救我们吧！

科尔特斯　多少人？谁率领着队伍？

信使　统领是纳瓦埃斯。舰队静悄悄地下了锚，他们在人数上的优势，把所有反抗都扼杀在萌芽里。我们不得不投降。纳瓦埃斯走上前来，宣读了贝拉斯克斯的手谕，他命令我们不再臣服

---

① 纳瓦埃斯（Pánfilo de Narváez）被贝拉斯克斯派来接管墨西哥，因为科尔特斯违抗了贝拉斯克斯的旨意。不过，纳瓦埃斯在一次夜里的袭击中被打败，于是，有大约 900 名士兵投降了科尔特斯。

于你，说你是叛徒、逃兵、强盗，你逃不掉他的惩罚。他宣布你为公敌，你现在不受任何法律保护，跟随你的人也会受到同样的惩罚。海岸上虚弱的士兵们不得不缴械投降，不过，他们派我向你禀报一切，他们对你寄予了坚定的希望。我穿过无数羊肠小径，逃命到这里来向你报告。

阿圭拉　救救我们吧！

阿尔瓦拉多　噢，我们的宝贝战利品！

科尔特斯　他们已经在行军途中了吗？

信使　不，还没有！他们胜券在握。

科尔特斯　阿兹特克人呢？

信使　他们在等候着，非常希望我们以自我消灭的方式，让他们获得解放。

科尔特斯　见鬼的命运！命中的一劫！只要我安全时，就不见他的影子。现在，当我在这里提心吊胆时，这只狗偏偏唆使那群索命鬼来逼迫！（朝着一直默默倾听的奎特拉胡阿）绝望呀，奎特拉胡阿，你看到了，我们要倒霉了。我可以信任你吗？你是否可以保障我们在都城的安全？

奎特拉胡阿　我可以帮助你们。

科尔特斯　这毕竟是个依靠，我唯一的依靠。阿兹特克人，他们必须保护我们不受西班牙人攻击！

玛丽娜（匆匆冲了进来）　将军！我有要事向你报告。

科尔特斯　向我？又是什么不幸？

玛丽娜　这里发生什么了？你在发抖！你的脸色苍白，噢，请告诉我发生什么了？

科尔特斯　不要问！告诉我，你要报告什么。

玛丽娜　我亲眼所见，这里发生了可怕的事情。高贵的将军，告诉我——

科尔特斯（跺着脚）　别让我久等！

玛丽娜　你有危险，你的生命将受到威胁！昨天夜里，所有人都起过誓，人民、卡兹克、祭司联合起来，准备战斗，要杀死所有人，而站在那里的（指着奎特拉胡阿）就是统领。

科尔特斯　全能的上帝呦！（晕倒）

玛丽娜（惊叫）　他死了！

玛丽娜扑向他，所有西班牙人震惊地走向前，奎特拉胡阿讥讽地望着他们。

桑多瓦尔　太过分啦！

玛丽娜　噢，救救他！发生什么了？

阿尔瓦拉多　他苏醒了吗？

玛丽娜　不要把我蒙在鼓里，这里发生了什么不幸！

桑多瓦尔　我们完了。西班牙军队已经登陆，来追杀我们。科尔特斯受到了裁决！

玛丽娜　不幸的我呦！

科尔特斯(振作起来)　唉声叹气也无济于事！真是屋漏偏逢连阴雨！

玛丽娜　将军，你不能死。要自救！我可以帮什么忙？科尔特斯，我的救星，我愿意为你献身！

科尔特斯(发怒)　妇人的哀怨！

桑多瓦尔　太晚了。如果一早按照我的建议去做，我们现在就安全了，就可以笑对贝拉斯克斯的威胁。

玛丽娜　你在撒谎！如果科尔特斯只用践行自己的意志，那就好了。只不过，由于他信任我们，所以，他不得不牺牲！

科尔特斯(走向奎特拉胡阿)　奎特拉胡阿，你为自己辩护吧，你已经被拆穿了！

奎特拉胡阿（傲慢和嘲讽地）　这就是对我的谢忱？难道，由于这个疯女诽谤了我，我刚才的话就立刻被抛诸脑后？科尔特斯！我不强迫你，你可以杀死我。你难道以为，我会把自己送到刀口，为了欺骗才来到这里？

科尔特斯　请对你说的话做出保证。

奎特拉胡阿　我所说的还不够吗？

科尔特斯　不，言辞只是言辞，人们经常不信守诺言。

奎特拉胡阿　的确如此，那么，我愿意发誓，以我的名誉发誓，西班牙人，我说一不二，我不会图谋有敌意的事情。

玛丽娜　你撒谎！

利翁　不要相信他！

阿圭拉　他拆穿你了！

奎特拉胡阿　高傲的西班牙人，你们难道这么看重誓言？

特胡阿斯（上）　我可以见王子吗？噢，他在这里！人们到处找你。

奎特拉胡阿　什么事？

特胡阿斯（稍作思量）　王子，你的消失让人们担心。

奎特拉胡阿　为了这些朋友，我要留在这里，他们命悬一线，我得保护他们。一旦反抗完全结束了，我就回到你们身边。

特胡阿斯　诸侯们希望，你可以在祭祀时替代你父王的位置。

奎特拉胡阿　我得避免人们的怀疑。我的双脚不会离开镣铐。就让另外一位诸侯代替我吧。（奎特拉胡阿转向西班牙人。特胡阿斯与玛丽娜窃窃私语）

科尔特斯　奎特拉胡阿，我相信你的诚实。你自己就是誓言的保障。

奎特拉胡阿　你可以按自己的心意来处置我。

科尔特斯　朋友们，就这么定了！只有雷厉风行可以救我们。我不会放弃这个阵地，我甘愿冒一切危险。我要立刻对纳瓦埃斯出兵，对他进行出其不意地打击。他的军队具有优势，不过，狡计、异国他乡的惊骇则对我们有利。阿尔瓦拉多，你在这里代替我发号施令，你是一位勇敢的战士，桑多瓦尔会给你出主意。我只能留少量士兵在这里，一定要保护自己，因为你们逃不掉。——高贵的王子，你的援助将有利于我们。

奎特拉胡阿　但愿如此。

科尔特斯　我没齿不忘。

玛丽娜（朝着科尔特斯）　你现在要离开我？绝不可以！我要跟随你，即便要杀头！

科尔特斯　你在行军途中只会是累赘。

玛丽娜　如果你下令，我愿意留下来。——请带上我，我要留在你身边，不会添麻烦。

科尔特斯　不行！桑多瓦尔，我把她交给你了！西班牙人，跟我来，集合军队。告诉他们，将要发生什么。立即，因为，今天就要启程。

众人下。特胡阿斯朝奎特拉胡阿示意，二人留下来。

奎特拉胡阿　我再交代一句！半夜我在大庙里和你们碰头。我会从那里（打开了一扇前厅对面的秘门）顺着一条密道出去。这个偶然有利于我们。科尔特斯不得不在今天动身，有一队西班牙人军队在海岸登陆了，他们要追杀科尔特斯。好啦，再会！不能让别人看到我们在一起谈话。

特胡阿斯　玛丽娜来了。我想把她争取过来加入我们的斗争。她出生在这个国度，不会忘掉自己的故乡。

奎特拉胡阿　小心些。她深爱着那个将军，倘若对他有利，她会出卖我们。她是个危险，刚刚就在西班牙人面前暴露我们整个计划。

特胡阿斯　我不得不鄙视这句妄言，我倒要亲自试试。没有任何人可以出于爱情而抛弃故乡！再会！

奎特拉胡阿　我们夜里再见。（后门下，玛丽娜从左侧上）

玛丽娜　你要和我谈话?

特胡阿斯　是的, 玛丽娜, 你不会后悔的。

玛丽娜　你要告诉我什么?

特胡阿斯　玛丽娜, 这里是你的故乡, 你却在打劫它的敌人那里容身。思乡之情、内心对祖国的渴望, 难道从没有在内心拉扯过你?

玛丽娜　我几乎不了解它, 从未思念过它。

特胡阿斯　噢, 人不可能忘记自己的故乡!

玛丽娜　我没有故乡。我的童年, 身边没有父亲, 没有母亲。我以奴隶身份长在异国他乡。

特胡阿斯　你无法否认自己的根源。噢, 不要在内心压抑神圣的感觉, 它牢牢地将所有人拴在儿时的处所。我要给你警示, 因为尚有时间。你在背叛祖国! 一个人可以想象比这种行为更为卑鄙的犯罪吗? 谁若为故乡而死, 他身后是荣誉、是民族感恩的祝福。不过, 谁若是在神圣的战斗中投敌, 大家的诅咒就会降到他身上。他的名声将受到唾弃, 人们的蔑视将会杀死他的父母、儿孙。就连刽子手也对他退避三舍。

玛丽娜　我和你们已不再是一类人, 西班牙人的军营是我的庇护所和祖国, 将军将我从死神手里救出。这么大的债, 我无法偿还。我绝不会恩将仇报。

特胡阿斯　你难道可以忘记身处不幸的伟大的蒙特祖玛——那个高贵的男子汉吗？

玛丽娜　就是你们抛弃的那位？我应该热爱他？

特胡阿斯　他做了错事。不过，没有人会忘记，他曾经如何对待我们。因为，他是整个民族的精神，他不应承受的不幸令我们难过。他是你的皇帝！你蔑视他？

玛丽娜　他和你们大家一样，对我而言是陌生的。

特胡阿斯　不可能，这不可能是你的真心话。你愿意站在敌人一方？只有坏的东西——立假誓、欺骗、谋杀——在那里才有价值。你无辜纯粹的心灵，不应该与这些人同流合污。要跟随你的民族，你和他们更亲近！你可以拯救自己的祖国。

玛丽娜　我的心灵和义务将我维系在西班牙人的军营。如果没有什么要讲的，请你离开！

特胡阿斯　卖国贼，受天谴吧！你也无法逃离我们的报复！不过，姑娘，你令人同情。你已经命定，要忧郁地为生命的花朵哀伤。你没有可以相信、可以敬佩的人。

玛丽娜　救过我的人，就是我的保护者！

特胡阿斯　不幸的人儿！你并不懂得什么是爱情，什么是短暂尘世最美的饰物。它并不在那群粗暴的人那里。你如此年轻、如此靓丽，难道你的心灵从未——从未感受过它？

玛丽娜　我并不像你想象的那么不欢乐。我爱着科尔特斯！

特胡阿斯　科尔特斯——你爱着他？

玛丽娜　我多么爱他，就有多么恨你们，因为，你们要反对他。不过，只要我活着，他就会在你们的打击下安然无恙！你为什么如此讶异地看着我？你怎么了？

特胡阿斯　你爱着他？

玛丽娜　是的，我可以为他献身！

特胡阿斯　不可能。你坚硬的心不会感受到爱情。

玛丽娜　他救下来的命，就是爱的一部分。

特胡阿斯　作为奴隶，你怎可以希望占有他——有权有势的将军？

玛丽娜　我知道，我绝不被允许这么想。不过，我只愿待在他身边，依恋着他。如果他离开，作为胜利者返回西班牙，他就会向别人伸出双手，而我会很快被遗忘。我不得不留下来，不得不埋葬我的爱和欢乐，在生命之树下埋葬一片幼小但已干枯的叶子。

特胡阿斯　不，他不值得你如此眷恋！他爱过你吗？向你的嘴唇送上过一次亲吻吗？承认吧，他对你的轻视就像对其他人一样。他只为自己而活，只为自己的利益而活。

玛丽娜　可怜的我呦！和其他人一样，我也从未得到任何这样的喜悦。我的心从未为了真爱而跳动。我没有父母，甚至没有一位女友。我将孤零零、无人怜爱地过完一生。当他人为自己的生活感到欢乐时，而我只能在寂寞的夜里为自己的命运落泪，它从未给我带来任何欢乐。我的爱没有回应，看不到希望。

特胡阿斯　玛丽娜，我不忍看到你哭泣。不过，还有一颗心为你跳动，你会得到安慰。忘记诱惑你的西班牙人吧，来我的怀抱，我做你的保护者。

玛丽娜　你为何如此激动？

特胡阿斯　是的，玛丽娜，我不愿继续沉默，我爱你！我要向你馈赠一颗有感情的年轻的心！做我的人吧！

玛丽娜　走开！你是我的敌人！

特胡阿斯　离开那个野蛮的军营，你在那里只是奴隶，跟着我，做我的妻子！

玛丽娜　我忠于我的保护者！

特胡阿斯　听我说！如果你拒绝我，我就无法活下去了。

玛丽娜　你是个英雄吗？侯爷，我鄙视你！

特胡阿斯　我从未见识过爱情的魔力，现在我知道了它的威力。我已无法抗拒，我无法、不能离开你！

玛丽娜　你不想做你们民族的勇士吗？

特胡阿斯　我再也无法克制自己的心灵。

玛丽娜　你无法离开我？无能为力？——既然爱情的威力如此巨大，那么，就离开你的民族，为西班牙人效力，这样，我就是你的了。

特胡阿斯　玛丽娜，你让我背叛我的民族？我？

玛丽娜　你要对我郑重发誓，永远忠诚地保护科尔特斯的性命，我才会相信你的爱是真。

特胡阿斯　背叛？

玛丽娜　不，不用背叛。当将军遇到危险，你只需给出警示。

特胡阿斯　狡猾的女人！你现在就想诱惑我！

玛丽娜　那就滚开！

特胡阿斯　玛丽娜！

玛丽娜　你的爱已经灰飞烟灭。

特胡阿斯　玛丽娜，你的要求是不可能的！

玛丽娜　懦夫，滚开！你在我面前无耻地撒谎，说什么没有我便活不了。滚开！

特胡阿斯　不要撕裂我的心，无情的人儿！

玛丽娜　我不要再看到你。

特胡阿斯　我无能为力。我忠于我的民族。我得走了，再会，玛丽娜！

玛丽娜　看着我！你不可以！

特胡阿斯　我应该怎么做？怎样才能消除我的疑惑？诸神呦，将我从这困境中解救吧！我得背叛祖国，成为背叛皇帝的无赖吗？不，不可以！我得走了。玛丽娜，保重！我心系着故乡！

玛丽娜　滚开，我憎恨你！

特胡阿斯　不幸呦，我无法抗拒。你引诱我背离自己的职责走向堕落。

玛丽娜　噢，特胡阿斯，你还要离开我吗？

特胡阿斯　噢，这个声音！是的，就这么定了！故乡，请原谅我的罪孽！我无法抵抗这动摇我、如今使我叛变的人。——够了！玛丽娜，我跟随你！

玛丽娜　不，你在撒谎！我如何相信，勇敢的王爷如此轻易地就抛弃了自己的祖国？

特胡阿斯　我应该返回去吗？我还不是叛变者。我的宝剑只带给过我荣誉。奎特拉胡阿曾经把我当作朋友。不幸的我呦！老朋友们都会离开，他们对我而言多么珍贵，而我将不再拥有。不幸的命运将我引到你身边，蒙蔽了我的义务。事已至此！在你的怀抱里，我将忘怀，即便阿兹特克人责骂我是叛徒。玛丽娜，你是我的人了！亲爱的妻子！

玛丽娜　是的，我是你的了！不过，不能让别人知道。特胡阿斯，你要以你的爱发誓！倘若食言，我们两个人都不会幸福。

特胡阿斯　为了爱，我还有什么不可以做呢？你现在是我的人，我是你的人，我珍爱的妻子！

玛丽娜　我们现在得分开了，不过，夜色将我们连在一起，它也将我们的爱融在它的神秘之中。

特胡阿斯　玛丽娜！难道我得如此迅速地告别我新生的幸福？安宁源源不断地从灵魂里流走。负满罪责的良知，夺走了所有真正的欢乐。噢，玛丽娜，不要离开我！不过，一旦我看到你和你的双眸，我便忘记了这份负担。你这至爱的人呦！不得不如此，保重！

玛丽娜　保重！让这个吻封缄我们的盟誓！

两人拥抱。落幕。

第四场　第七场

在西班牙人位于墨西哥的营地（同第三场）。
阿尔瓦拉多和桑多瓦尔。

阿尔瓦拉多　还没有将军的消息！我不知道应该如何思考。几个星期以来，没有他任何踪迹。我的信使也都没有返回。请告诉我，这怎么回事？

桑多瓦尔　依我看，过不了几天，到时候我们就得向阿兹特克人的断头台低下头颅。

阿尔瓦拉多　作为牺牲？噢，我得制止这么做！

桑多瓦尔　那么，就防御他们的袭击，带着人们，继而攻陷都城。——你为何犹豫？

阿尔瓦拉多　我可以做什么？他们拒绝战斗。从清晨开始，袭击就持续着，士兵们不分昼夜地在围墙守卫。他们现在崩溃啦，不再服从，只盼望着一死。

桑多瓦尔　我早已经看到了结局。而你也负有责任。

阿尔瓦拉多　桑多瓦尔！你们现在都把罪责扣在我这个统领头上。我本应该帮助你们！我本应该什么都会！噢，要是我没有接下这个担子该多好！

桑多瓦尔　你不懂得如何领导。你和科尔特斯，想要的除了流血，还是流血。我常常劝你们不要施暴行。我告诉他，比起武力，爱和言而有信可以更迅速地赢得民心。你们都不听我的，现在，看到了后果吧。如今，在突然没有出路的时候，才要求我总被拒绝的建议来帮你们解围。

阿尔瓦拉多　难道这就是我希望从你这里得到的援助？

桑多瓦尔　阿兹特克人现在对我们的名声嗤之以鼻，谁对此负有责任？科尔特斯欺骗他们皇帝的方式，就连野蛮人也不得不勃然大怒。

阿尔瓦拉多　你所批评的，是当时的困境逼迫我们做的。他并不愿意这么做，当时他是被迫的，他试图建立起自己的威信。

桑多瓦尔　后果让我们看到，这是多么失误，可是，你们仍然坚持这条路线。由于玛丽娜告诉你叛乱的事情，你便要诱杀这个民族最高贵的人。你难道认为，不进行判决便杀头的杀戮就可以安定民心？噢，他们会更为残酷地报复！①

阿尔瓦拉多　这是失误。当他们让我突然感受到可怖的危险时，我没有沉住气，完全乱了方寸。

---

① 阿尔瓦拉多在科尔特斯对阵纳瓦埃斯而外出的时候，受委托监督特诺奇蒂特兰。他认为阿兹特克人在谋划一次袭击，于是利用大庙（Templo Mayor）里的一次宗教节日即托克斯卡特尔节（Tóxcatl），抓捕并杀害了其领导者。在 1520 年 5 月 16 日的大庙屠杀中，死了大概四百名阿兹特克人，参见 Hernán Cortés, Cartas de Relación, S. 267。接下来的反抗最终导致西班牙人在伤亡惨重的条件下撤出了都城，参见 Fray Bernardino de Sahagún, Aus der Welt der Azteken, S. 269。

桑多瓦尔　我的警告无人理睬。在你们这里扮演不受待见的警示者，我受够了。你们自己去找主意吧！

阿尔瓦拉多　不要离开我！我一个人无能为力。任何的偶然都会使我混乱不堪。

桑多瓦尔　难道还要我继续白费口舌？

阿尔瓦拉多　你对我说的一切，我都会照做。不过，现在请帮助我走出眼下糟糕的处境。

桑多瓦尔　现在除了顽强抵抗，别无他法。不过，我得提醒你小心年轻的王子！你什么事都相信奎特拉胡阿。你难道认为，他，这位桀骜不驯的王子，受过你们欺骗的他，心里没有想着报复？一定要提防他！他的内心蕴藏着可怕的行动力，而且，他的沉着冷静，可以巧妙地隐藏他的心中所想。

阿尔瓦拉多　将他囚禁起来并不是我的愿望。科尔特斯离开的时候，命令我们把他监视起来。他对我而言没有威胁。

桑多瓦尔　你太过相信他嘴里的谅解。

阿尔瓦拉多　他还给我出了不少好主意。不过，桑多瓦尔，请告诉我，倘若围墙无法再保护我们，是否有可能穿过它，去投奔科尔特斯的队伍？

桑多瓦尔　不可能，不要抱这样的希望。

阿尔瓦拉多　　即便夜色也无法让我们蒙混过关？

桑多瓦尔　　堤坝已经被占领，没有出路。在大街小巷里，我们必死无疑。

阿尔瓦拉多　　那么，除了在这里防御，就没有其他方法了。不能让他们把我拿去祭祀他们的神灵。我要留在这里。

桑多瓦尔　　他来得真是时候。我提醒你，一定要提防着他。
（桑多瓦尔下。奎特拉胡阿上）

奎特拉胡阿　　阿尔瓦拉多，是你吗？没错，你的眼神说明了一切。你心情不错嘛！

阿尔瓦拉多　　好日子到头啦。

奎特拉胡阿　　你们就这么垂头丧气吗？你不是还有那些西班牙人吗，他们会在这里长时间勇敢地保护你们的生命。

阿尔瓦拉多　　这个后盾也靠不住了。他们很疲惫。今天和明天，我们或许还招架得住，但过了明天，我们就到了穷途末路。

奎特拉胡阿　　士兵们厌战啦？

阿尔瓦拉多　　我阻挡不住。他们得没日没夜地战斗，没有给养，不能合眼，已经精疲力竭。如今，满肚子无名火的他们崩溃了。他们只想一死，以求结束折磨。噢，要是你可以感受到我的忧虑多好！身处风暴中的我，无能为力，不知所措。而科尔特斯也不见人影。

奎特拉胡阿　那么，现在该怎么办？

阿尔瓦拉多　难道你现在也要抛弃我们？

奎特拉胡阿　不会。聪明才智不灵光的时候，你们的勇气还有用嘛。

阿尔瓦拉多　你难道认为，阿兹特克人会再次暂停攻击？只消一个晚上，让士兵们合个眼休息一下，他们就会振作起来重新战斗。

奎特拉胡阿　我不清楚，因为你们把我扣在这里。不过，倘若你希望晚上暂时停火，他们会等着，直到你明早主动开始袭击。这是我们的惯例。

阿尔瓦拉多　你认为，我可以立即尝试吗？

奎特拉胡阿　当然。

阿尔瓦拉多　我这就去。(又返回来)我要再次打探科尔特斯的消息，他是我们的救主。(下)

奎特拉胡阿(走到门前的守卫身边)　喂，卫兵，皇帝就在这个屋子吗？去，把他带过来，我要和他谈话。(卫兵下)很好，一切都如我所愿。(走到阿兹特克侍从身边，他们此前一直在庭院里)阿兹特克人，过来！立刻去召集诸侯。今天晚上，一个西班牙信使会出发，接回科尔特斯。我们应该在半夜之前偷袭他。一定要慎之又慎，不能让他逃脱。

一个侍从　尊贵的王子，我会照做！（从密门下）

奎特拉胡阿（对另一位侍从）　你赶快去找喀喀玛，告诉他，西班牙人今晚会暂时停火，明天才会接着战斗。这样，我们的军队就有喘息机会。我知道，这十分必要。也转告他，西班牙人的士气只不过是强弩之末，他们的反抗持续不了多久。在卫兵来之前，赶快去吧。（侍从下）

（自言自语）西班牙人，你们逃不出我的掌心！你们天真地把敌人留在你们的营地。你们本打算拆散我和我的祖国，哪想到只不过满足了我的愿望！如同藤条扼杀参天大树那样缠绕，我的计划也会一步步、势不可挡地把你们拖向死亡。不过，我们的自由斗争中还缺少一个人，我必须向前迈艰难的一步。——那就是我的父亲！这个曾经唯一宝贵的字眼，如今令我感到恐惧。噢，我眼看着你如何成为叛徒！我知道这是事实，可是，我的心却不敢相信。在我的儿时，你在我面前是我必须学习的光辉榜样。你就是驾驭着我的天空的神灵！突然有一天，你狠狠地把我从曾经纯洁的梦中推开，夺走了我对你的德性的信仰。噢，父亲，你太狠心！当这个青年人还在憧憬未来的图景，还不知晓生活辛酸的渴望，他就被一把扔进了汹涌澎湃的世界。没有向导的指引，他不得不找到通往父亲王冠的小径。你如此对待我呦。当下的困境需要我，于是，我成为你的继承者。但并不是如我曾经热情想象的那样，去完成你光辉的业绩，不，而是从头开始，建立你帮助敌人所毁坏的一切。我所憎恨的人却是我曾经热爱的。不，我做不到。对我来说，你永远都是珍贵的。我只能向你表示同情。这样的伟人的陨没，令人震惊。曾经属于你的世界，如今你得仰仗敌人的恩典方可在其中活命。——噢，他来了，被苦闷压弯了身子，充满哀怨气息。可怜的父亲！你竟为自己的弱点付出了如此代价！（蒙特祖玛穿过后门进入，父子俩无言地对视）

蒙特祖玛　我许久没有见到我的儿子。他逃离了眷恋着他的父亲的心。当我还幸福的时候，我拥有他；可是当这个老家伙遭遇不幸，孤独地离开，被人民抛弃，就连他热爱的儿子也在咒骂他。现在，儿子派人传唤父亲，难道他要看着这副惨样幸灾乐祸？

奎特拉胡阿　你错了。接过你业已离开的位置是我的责任。

蒙特祖玛　忘恩负义。你愤怒地追逼着你的老父，蛮横地坐上他的王位，将王子的责任抛诸脑后！

奎特拉胡阿　我没有忘记。当你选择离开时，我们已经分道扬镳。

蒙特祖玛　你触犯我，毫无理由地责备和斥责我，这不公平。孩子，让我们现在泯去恩仇，忘掉未来无法改变的事情。孩子，我求求你，忘记吧。我还要爱你。

奎特拉胡阿　你让我心碎。难道我能忘记家乡遭受的一切？

蒙特祖玛　我曾在可怕的孤寂中经常对你动怒。现在，我很久没有生气了。命运惩罚了我，你也应该原谅！

奎特拉胡阿　即便我愿意，我可以这样做吗？噢，神灵！敌人狠狠地侮辱了我们的诸神，压迫着我们的人民，蛮横地僭取统治权。你难道没有权力去阻止这一切？

　　蒙特祖玛　当时，是你让我明白，但是为时已晚。我的不幸已成定数。现在，请不要拒绝给我你的爱。回到我这里吧。呜呼，这些西班牙人以粗鲁的盛气凌人让我承受的，抵偿了我所犯的错误。请不要再提这些可怕的事情，还像以前那样，做我的儿子。我的时日肯定不多了，敌人也许私下里已经决定了我的死期。不要让我孤独地死去！陪着我。我孤身一人离开人们，这阴森的囚牢中已许久没有母语的声音。我曾是孤家寡人，难道还让我孤独地等死吗？陪着我，不要把我留在敌人手中！

　　奎特拉胡阿　你现在身处敌营，而不是阿兹特克人中间！噢，你为何要那么对我！现在我得忍受人们称呼那位对我来说多么可敬的父亲为叛徒！

　　蒙特祖玛（痛苦）你竟然如此对我说话？伟大的神灵，为何要让我承受这样的命运？

　　奎特拉胡阿　父亲，我无法掩饰真相，即便我很不情愿。这帮西班牙人之所以能掠夺我们的神庙，之所以能借你的名义洗劫宫殿，全是你的罪责。

　　蒙特祖玛　闭嘴！你太过分！这难道就是你们亏欠我的爱吗？滚开，你也离开我！像其他人那样离开，并诅咒我吧！去践行你们毫无怜悯的复仇，让我无助地留在敌人手里。距离死亡终结我的不幸，并不会太久。就让西班牙人放肆地嘲弄着，将我暴尸街头。这样，你们的仇恨就得到了满足，在那欢快地响彻着万

人歌颂我的威名的帝国里，你们也可以拒绝给那死尸一处安息之所！不过，我的无辜会找到复仇者。(欲下)

奎特拉胡阿　不要走，父亲！回到我们身边！我们愿意原谅你的一切。人们旧时的爱与忠诚，依然鲜活。人民思念他们善良的皇帝，愿意忘记巨大的牺牲，他们会忘记你将王位交给了科尔特斯——

蒙特祖玛　什么？可能吗？你认为会吗？我会这么做吗？

奎特拉胡阿　你让我感到害怕。难道不是吗？

蒙特祖玛　老天呦！我竟遭此诽谤！

奎特拉胡阿　父亲！父亲！我预感到可怕的事情。请解释！

蒙特祖玛　你还在追问？

奎特拉胡阿　你也没有下令，把我们的神庙交给基督徒的神灵？

蒙特祖玛　我拒绝了！

奎特拉胡阿　他们竟以如此狡诈的骗术在我们之间周旋，以便为了自身利益而引起纷争。很久以来，我就预料到这是一个大骗局。我无法相信，你可以如此心甘情愿地跟随敌人，并放弃了王位。

蒙特祖玛　由于他们卑鄙的偷袭，我不得不这么做。我在奴役期间所承受的冷酷暴行，会令世人愤怒。

奎特拉胡阿（怒不可遏）　此仇必报！此仇必报！——可怜的父亲，我们把你抛弃，以及出于误解所做的一切错事，你可以原谅吗？

蒙特祖玛　你们没有错。一切都可以原谅。噢，阿兹特克人还爱着我吗？

奎特拉胡阿　为了你，他们会进行令人胆寒的复仇。

蒙特祖玛　那么，我会再次回到你们身边！来我的怀抱，我的奎特拉胡阿！你又是我的了！（拥抱）

奎特拉胡阿　内心的声音已经提醒过我，我无法真的相信是你的过错。现在，一切都会好转。不久就是敌人的末日，你就自由了，还是旧日的皇帝！

蒙特祖玛　我不愿逃离囚牢。不，你们应该借助胜利，公开地还我自由。不过，我要把复仇先留着。我要带领阿兹特克人对付科尔特斯。我从未战败，这次我也要带领他们战胜敌人。许久以来，我从未有过安宁，自由终于在向我招手。科尔特斯，复仇！复仇！

落幕。

第五幕　第八场

西班牙人位于墨西哥的营地（同第三场）。

奎特拉胡阿（自言自语）　我几乎无法相信，竟然是科尔特斯。我本想，他永远不会返回。致命的偶然！现在，所有的希望都岌岌可危。要是我们今天就进攻了要塞，胜局就定了。将军领着新的军队返回，作为胜利者的他，正在进城。

蒙特祖玛（上）　你听说了吗？

奎特拉胡阿　我听说了。

蒙特祖玛　科尔特斯已经入了城，所有在这里驻扎的人都兴高采烈地去迎接他。

奎特拉胡阿　不可能！

蒙特祖玛　我听一位西班牙人说，那支被派来俘虏科尔特斯的军队从未听说，这个国度可以提供这么多的战利品，大家立刻背叛了统领，成群结队地归顺到科尔特斯麾下。于是，他得到一支热心追随他的军队，而不是一众仇敌。

奎特拉胡阿　见鬼！

蒙特祖玛　我们怎么办，还有这座都城？战争已经打响了。

现在，和平已经不可能，因为科尔特斯又感到无所不能。他将要报复。

奎特拉胡阿　他不会的！我既已开始战斗，将会凯旋。我要的是自由！现在不准谈什么和平。我们现在必须当机立断，利用突袭试试运气。

蒙特祖玛　战斗突然停止了，道路上一片死寂，这意味着什么呢？

奎特拉胡阿　我已经派去最后一位信使，他在混乱中悄悄逃走。让他告诉人们要退守，撤出道路，等待我的命令。这有些冒险。现在没有可以传信的人了。

蒙特祖玛　你呢？为何你自己不回到阿兹特克人身边？

奎特拉胡阿　敌人已经封锁了秘道！我们的人民里有叛徒！

蒙特祖玛　不可能！是阿兹特克人吗？

奎特拉胡阿　不幸的家伙，不要被我找出来！噢，他可能在我们达到目的之前破坏计划。要是现在有个可以转达命令的人就好了！得行动起来。那些士兵们经过长途跋涉已经精疲力竭，我们现在要是能够利用时机，就胜券在握。可是，我不得不无助地留在囚牢里，让宝贵的时间白白溜走。

蒙特祖玛　自从我身陷囹圄，从来没有如此渴望胜利。今天，就在夜里，我梦到你站在我身边，告诉我："你今天就解放了，你的人民将会结束你的苦难。"这令我欣喜若狂。我确信无疑，今天会带给我们胜利和自由。

奎特拉胡阿　长久的分离之后，你可以期待与你的子民幸福地重逢。

蒙特祖玛　你是说，他们愿意为我的耻辱报仇？

奎特拉胡阿　他们在战场上高喊的是蒙特祖玛。

蒙特祖玛　天神！一切都准备好了。我要再看看他们！可是我的归来令我担忧，因为，我们遭遇了如此多的不幸，人们不会忘记的。

奎特拉胡阿　自从人们完全知道了真相，旧时的爱戴又得以复苏。——你听到了西班牙人的欢呼声了吗？看呐，科尔特斯带领着整支军队。(可以听到入城军队的行军声和欢呼声)

蒙特祖玛　将会有一场硬仗。只需看看那一排排装甲兵。

奎特拉胡阿　在扈从陪同下，他板着脸来了。不过，我从他们的表情上看到的，并不是胜利。

蒙特祖玛　我不再想看到这个将军。我要走了。(下。奎特拉胡阿注视着西班牙人向寺庙行进而来)

奎特拉胡阿　目空一切的他志在必得，让他的西班牙人同胞骑在高头大马上。很好，不过，这是他最后一次站在这里了。你难道以为，一切已成定局？你错了，死亡在这里悄悄等着你。人数再多也无法拯救你们，相比起来，愿意为复仇流血的人更多。这个国度有足够多的地方安放你们的坟墓。（不久，科尔特斯领着扈从进入）

科尔特斯　我来向你致以谢忱。在我出门在外的日子里，你常常用忠诚的建议，正直地给我的人提供帮助。

奎特拉胡阿　我只是尽了我的职责。

科尔特斯　当我入城的时候，没有看到一个人。大街小巷一片死寂，这座大都市里一片令人毛骨悚然的宁静。请告诉我，这是什么意思？

奎特拉胡阿　人们在为新的袭击备战。胜利本是定局，而你不期而至，令他们失望。现在你得等等，他们会在最危急的关头再次发起冲锋。绝望的角力现在才刚开始。

科尔特斯　你对我是忠诚的，让我知道一切。

利翁　噢，不要相信他的话！

科尔特斯　我只想向你承认，我现在无法抵御袭击。当我看到这样的局势，胜利带给我的欢喜会倏忽而逝。现状令人绝望。每个人都精疲力竭，他们今天承受不了任何战斗。王子，我愿意相信你，并且请求你。请回到你的人民中间——

阿圭拉　天哪！你愿意相信自己曾欺骗过的人？

阿尔瓦拉多　你可以放心地相信，他总是给我帮助。

奎特拉胡阿　我可以走了吗？

桑多瓦尔　噢，科尔特斯，请三思！

利翁　如果你放他走，就等于自杀。

科尔特斯　我愿意相信他！无需多言！朋友，去吧，要给我带来和平。无论你说什么都可以，我只要和平。(奎特拉胡阿下)

阿圭拉　你不会再看到他的踪影，他会是你最坏的敌人。

桑多瓦尔　我早就看清了他。

科尔特斯　我相信他。现在袭击阿兹特克人的话，固然很明智，即便他什么都知道，但他无法采取更好的措施。单单因为他是野蛮人，所以我不相信他会这么做。(特胡阿斯上)

利翁　有一天你不得不相信。

科尔特斯　又来了一个阿兹特克人。他是谁？

桑多瓦尔　是特胡阿斯亲王。他出于纯粹的爱情，背叛了他的人民，现在留在我们这边。

科尔特斯　只有一位对我有什么用？如何从这次危机得救，我看，希望渺茫。还有，这帮雇佣兵只想要战利品，他们之所以追随我，之所以背叛真正的主子，仅仅出于这个原因——单单只凭金子就可以收买他们。可是这里没有宝藏了，等待他们的只有战斗、辛劳、死亡，以及没日没夜胆战心惊的防守。我非常担心，倘若我无法兑现承诺，他们会像离开其他人那样离开我。现在，营地里的人或许已经给他们抱怨过这里的苦头。不满很快就会被激起。我从来没有任何时候像现在这样需要安宁。

阿圭拉　就让我们带着战利品逃跑吧，这样我们至少还可以保命。

利翁　要是可能的话！

玛丽娜　死亡就在眼前了吗？我现在刚刚与你重逢，难道你就要永远地抛弃我？不，我不会独活。你不能死！

科尔特斯　不该来的也来了！现在你也要哭哭啼啼吗？唉声叹气可以改善我们的处境吗？

玛丽娜　科尔特斯，难道我得失去你吗？（朝着将领们）你们为什么这么怯懦和一筹莫展地站在这里？现在没有人敢于英勇地抽出宝剑吗？

阿圭拉　疯了！

阿尔瓦拉多　完全不可能。

玛丽娜　是呀，人们常常只听到你们自吹自擂，一旦要付诸实践，就看不到你们的身影。你们要坐等敌人前来，在你们面前杀死将军吗？你们这群懦夫，一群好空谈的牛皮大王！我不像其他人那样，是个小妇人。为了他，我离开自己的家乡、自己的民族。我与他们为敌！一个女人也会为你们感到惭愧，你们难道不脸红吗？（抽出匕首）是将军一个人将你们团结起来，带给你们财富，如果你们像我这样热爱他，那就为他而战，用自己的生命去捍卫他神圣的生命！

利翁　你们害怕啦？西班牙人呦，你们想被一位柔弱女子比下去吗？不，战斗吧！不要寻求与这个民族的和平！

阿尔瓦拉多　不过不在今天，让士兵们休息吧。

利翁　那么，敌人也会休息到明天吗？

科尔特斯　他们不会的话，我们就得逃离这座围墙，逃回故乡，或者遁入坟墓。——只有天知道！如果我们中间有人不用长眠在这里，就感谢上帝吧。

玛丽娜　如果他们都死了，并不糟糕。科尔特斯，只要你还活着！——懦夫们！当他一帆风顺的时候，可以给予你们一切。现在，当他遭遇不幸的时候，你们却不敢捍卫他高贵、伟大的生命。将军，我不会抛弃你！

科尔特斯　西班牙人，我们还没有输。我希望，敌人可以保持和平。

玛丽娜　将军，我发誓，倘若你阵亡了，我会跟随而来！我不愿独活。

　　科尔特斯　玛丽娜，我知道你一直对我忠心耿耿。——西班牙人，跟我来，我们现在要为战斗做准备。

　　众人下，除了特胡阿斯，他以强烈的痛苦倾听着。他把玛丽娜拦下。

　　特胡阿斯（绝望地）　玛丽娜，绝望追逐着我！我心里得不到安宁，我的良心在谴责我懦弱的罪行。我的人民正在为神圣的自由而战，而我却抛弃、背叛他们！我为你牺牲了宝贵的一切，名声、尊严、幸福、朋友、祖国。我再也不是往日富有的亲王，而是同你一样，玛丽娜，没有故乡、一贫如洗。亲爱的，要对我忠诚！不要离开我，尤其是现在，当整个世界都在把我推开的时候！要是可能的话！可怕的想法困扰着我，用它恐怖的眼神撕裂我的灵魂。你愿意为将军献出你的生命？这就是我盲目忠诚的奖赏？你不能这么做，因为它现在属于我。你和你的整个灵魂，现在都属于我。离开将军，因为他是我的敌人！

　　玛丽娜　我的一生都应该感激他。

　　特胡阿斯　我为你付出了我所有的一切。

　　玛丽娜　他不顾自己的生命安危。

　　特胡阿斯　我付出的更多，因为对我来说，没有什么比爱情珍贵。我为你诱杀了朋友。成百上千的人血流成河，他们曾发誓为家乡的自由而战，而他们成了我爱情的牺牲品。他们的鬼魂到处跟着我，用复仇的诅咒追赶、催逼着我。我的一生毁掉了，安静时候良心的折磨啃噬着我的心。现在只有你还在我身边，难道你也要离开我吗？

玛丽娜　我的目的已经达到，就让你明白了吧，我爱着科尔特斯，憎恨你！

特胡阿斯（因震惊而退后）　玛丽娜！

玛丽娜　是的，我不想再掩饰，亲王，你落入了我的圈套。为了救他，为了在危机中替他保住都城，我欺骗了你。

特胡阿斯　这……是我的死期！噢，我可爱的家乡！我本应该忘记你，逃离你！令人发指的诱惑！——伪诈的毒蛇！你把我诱进了自己的罪孽！我白白流掉了朋友们的鲜血！白白地成就了所有可怕的事情！

玛丽娜　这样可以拯救将军的权力！

特胡阿斯（愤怒地环视周围）　你还在讽刺我？在这不幸的时刻，你还在刺激绝望的人！复仇会索取我的灵魂。你要小心，不要让它把我同你一起吞噬。

玛丽娜　滚开！叛徒滚开，不要让我再看到你！

特胡阿斯　不幸呦！伪诈的东西，我要杀死你。可是，当我看到你的容颜，却无法下手。走吧！不要再刺激杀人者的手。

玛丽娜　尽管威胁，我不怕你。

特胡阿斯　玛丽娜！我已经成了叛徒，你要小心，不要让我变成杀人犯！

玛丽娜　不，以这种方式抛弃家乡的人，是不会把空洞的威胁变为现实的。亲王，作为小女人，我要告诉你，你是个懦夫。因为，否则你早就采取了行动，而不是心安理得地站在这里。

特胡阿斯　不会了！（可以听见愈来愈大的喧闹声。特胡阿斯变得麻木）一个牺牲品倒在了呼喊复仇的大地母亲怀抱。我走向前，将自己献上。恐怖的死神站在我身边，他抽出匕首——我早已开始的行动，成了现实。你不会死，我愿意原谅你。玛丽娜，在死神面前和解吧！

玛丽娜　你听到了吗？他们在向胜利者欢呼！这是我的杰作！我救了他！他应该在这里统治。这是我现在的愿望。我要看到他幸福！

特胡阿斯（抽出匕首，怒不可遏）　你不会得逞！

玛丽娜　你要做什么？救命！

特胡阿斯（将她刺倒）　叛徒，去死。

玛丽娜（奄奄一息）　科尔特斯，永别了！我信守了诺言。

特胡阿斯　噢，神灵！我怎能杀死天使呢！（面对着死尸，由于惊恐而说不出话。欢呼声越来越大）我的生命之花也随着你逝去。是的，我曾经热切地爱着的这具尸体，永远地将我的欢乐带进了坟墓。这一生结束了。不，走开！闪开！朋友们的鲜血已经在呼唤着赎罪。你们这些阴森的鬼影，躲开！我这就来！这就让你们复仇！它可怕地逼迫着我离开这堵围墙！敌人临近了。永别了，玛丽娜！（流着泪跪在尸体旁边。可以听到许多人正在赶来）可贵的尸体，原谅我！永别了！

特胡阿斯起身，穿过密门离开。科尔特斯、桑多瓦尔、阿圭拉，以及其他人在这时赶到。

桑多瓦尔　噢，是那个叛徒！

阿圭拉　这个狡猾的无赖！我提醒过你！

桑多瓦尔　那里，那是什么？玛丽娜，死了？

科尔特斯　她也死了。她救不了我。把她抬走，盖起来，我不想看见她。（尸体被抬走）

桑多瓦尔（责骂）　她深爱着你，你竟这样同她告别！

阿圭拉　噢，将军，救我们！

科尔特斯　去见鬼吧！我可以救你们吗？看看这些敌人！去找奎特拉胡阿，去求他吧！我现在无能为力。如果你们及时警告我要小心这个狡诈的家伙，他现在早就见鬼去了。

桑多瓦尔　她现在死了，我们的末日正在加紧脚步赶来。你是统领！请指明出路。

科尔特斯　这条命还有什么紧要？大家都死吧，先杀了我！我一生的追求、我的威名、我的财富，统统要化为灰烬了！帮帮我这个将军，士兵们，帮帮我！

西班牙人（齐声）　也不要忘记我们！

科尔特斯　见鬼！不要哭哭啼啼！要防御！去，为自己战斗吧。我已经受够了，我的一生都毁了。

桑多瓦尔　我警告你，想想自己作为将军的职责！不要忘了，大家的生命有权得到你的保护。他们追随着你的旗帜，为你的威名服务，在危急时刻，难道你要毫无信义可言地遣散他们？（阿尔瓦拉多和其他人冲了进来）

阿尔瓦拉多　科尔特斯，我们顶不住了！敌人冲了进来，奎特拉胡阿带来越来越多的人，在可怕的战斗中势不可挡。如果你不亲自统率，很快，大家就溃逃和投降了。

另外一个西班牙人（冲进来）　守卫已经全部被击溃，围墙失守。

科尔特斯　桑多瓦尔，去，现在应该从屋顶战斗！把石片揭下来，砸死敌人！（越来越多的人迎了上来）

另外一个　他们已经爬上了围墙！逃命吧！

阿圭拉（因害怕还发抖）　我们还可以撤到哪里？

科尔特斯　跟我来！此地不宜久留。来！我们必须撤退。把大家集合起来，组织一次猛烈的突围。利翁应该打掩护。利翁！他去哪了？

另外一个　阿兹特克人早把他抓住，献祭给了他们的偶像！（众人惊）

阿圭拉　慈悲的老天呦！

科尔特斯　一切都完了。还有一条出路可以救我们。快点跟我来！我们要杀过去，到那座大庙。它会给我们保护，而且最优秀的西班牙人都在那里。

另外一个　太晚啦！寺庙已被占领！所有人都阵亡了！（科尔特斯因为惊骇而说不出话来。众人惊呼）

另外一个　他们在那里勇敢地抵抗，可是，特胡阿斯亲王突然带着一群人冲进大门，在充满怒火的战斗中冲上了寺庙的房顶，绝望的西班牙人退守在那里继续战斗，这里很长时间难以被攻陷。特胡阿斯抓起两个，高喊，我来偿命了，然后抱着他们一起跌落下去。于是，阿兹特克人猛烈地攻入，我们的人一个接一个摔下去，粉身碎骨！

阿圭拉　骇人听闻！

阿尔瓦拉多　科尔特斯，现在怎么办？

另外一个（狂奔进来）　特拉斯加拉人倒戈啦！

桑多瓦尔　那就让我们战死吧。

阿圭拉(唉声叹气)　噢，可不要死!

另外一个　可不要被宰杀在祭台上!那样太过恐怖!

桑多瓦尔　为自己的懦弱感到耻辱吧!你们是西班牙人吗?谁要在这里哀叹?跟我来。我们杀出一条退路!

阿尔瓦拉多(慢吞吞，迟钝地)　死神已经来了。(巨大的响声传进来)

阿圭拉(惊叫，抱住科尔特斯)　救命，圣徒!不要让我死!科尔特斯，救我!

科尔特斯(大惊失色)　噢，上帝!我不可以死，至少不是现在，不能在罪孽中下地狱!

其他人(乱成一片)　上帝呦!帮帮我们!救救我们!我们要死啦!

科尔特斯(惊慌失措)　善良的圣母呦!不要让我死!噢，我良心的恐惧!搭救我吧!

桑多瓦尔　现在想想自己的末日吧!你的心在死亡临近时才跳动。和上天和解，祈求恩典吧!回头看看你罪孽的一生!

科尔特斯(跪下，以祈祷的口吻)　圣母玛利亚，帮帮我!

请拯救我逃离现在的死亡！地狱的阴影在等着我！噢，我的罪孽深重！我无法祈祷，无法祈祷——救救我！

　　除了桑多瓦尔，所有人恐惧地跪倒，外边传来战斗的巨响。

　　桑多瓦尔　你在生活中从未、永远都没有听到过自己的良心。你一心只有不义，想占有的只有黄金和统治。是你把西班牙人带到这里，现在他们要为你的罪责偿命，他们的鲜血会溅到你身上！你还卑鄙和言而无信地对待蒙特祖玛。倘若今天是你的末日，你敢站在天上的法官面前吗？不幸的你呦！那里主宰的是正义！你的所作所为，人们不会忘记。你的时日不多了。祈求上帝的恩典会宽恕你的罪责吧！

　　科尔特斯（由于害怕而大哭）　玛利亚，请帮助我！倘若你可以搭救我，我会给你供奉三只圣烛。请搭救我！我不会再作孽，我要补偿自己犯下的一切。请不要让我死于自己的罪孽！西班牙人因为我而大难临头。是我欺骗了他们，我还常常欺骗阿兹特克人。我的双手沾满了鲜血。请搭救我！大慈大悲的圣母，请搭救我！我为你供奉五支圣烛，请不要让我下地狱！是的，由于我的贪婪，我也欺骗了你。你的祭台应该供奉十支圣烛！请发慈悲！请给我们指明得救的道路！（阿兹特克人大声喧哗的胜利声）帮帮我，救救我！你必须，你应该！我罪不该死！

　　众人　帮帮我们吧，大能的上帝！

　　桑多瓦尔　还不是投降的时候，振作起来！我们得逃命。抛掉一切，杀出一条通向城外的道路。我来领导，跟我来！

一部分人　不幸。

桑多瓦尔　科尔特斯！西班牙人！你们想活命吗？

科尔特斯　你们去吧，留我在这里。

阿尔瓦拉多　倘若你也绝望，我们就彻底败了！

桑多瓦尔（抽出宝剑）　时间不多了！谁想活命，就跟随我！我们杀出一条退路！

许多人（混乱不堪）　我不走！不可能！不！

桑多瓦尔　懦夫！

科尔特斯　蒙特祖玛，帮帮我！

阿圭拉　你已经放走了一个敌人，难道还让另外一个毁掉我们？

科尔特斯　他不会让事态变得更糟，这个肯定无疑。

桑多瓦尔　我这次的警告还是徒劳？人民已经在高呼他的名字。不要放他！我们这群人的性命还在死亡和救赎之间摇摆。难道你想亲手毁灭大家？

科尔特斯　他应该自由！他应该放我们走，只要我们有的，随便他想留下什么，除了我们的性命。

桑多瓦尔（讽刺地） 这可真是这场著名战役庄严的结局呀！一位将军，为了自己的性命甘愿牺牲荣誉！

科尔特斯 我不想下地狱！把他找来！快！

几个人下。战斗的响声和呼喊声"蒙特祖玛万岁"响彻的同时，里面鸦雀无声。

一个西班牙人（片刻） 他们越来越逼近了。

阿圭拉（片刻） 噢，科尔特斯，不要让我们毁灭！（科尔特斯不应。再次沉默）

阿尔瓦拉多 完了。

蒙特祖玛（上） 幸运掉转了方向。阿兹特克人现在战无不胜，而西班牙人败了。你要找我们报仇。好，我就在这里。

科尔特斯 我不要取你的性命，你胜利了。我还你自由，返回到你的人民中间，做这个国家的君主吧。不过请负责我们安全离开都城！

蒙特祖玛 我已经预言了复仇。就让它来吧，这是你们应得的。

科尔特斯 是你的儿子欺骗了我们。我让他去缔结和平，而他搬来了阿兹特克人，带领他们冲锋至此。我可以报复，你就在我手里。但是我不会这么做。我只要求你做出补偿。

蒙特祖玛　他只是以牙还牙罢了。我可以做什么？

科尔特斯　去和谈！

蒙特祖玛　我？绝不！

科尔特斯　你不愿意？你在犹豫？

蒙特祖玛　不要指望我会做什么！

科尔特斯　我求求你。我们的性命悬于一线。只有你可以劝说阿兹特克人，让我们逃命吧！

蒙特祖玛　你的乞求是徒劳的。我不愿意。不过，你可以杀死我，我手无寸铁。来吧，杀死我！当我的臣民拿起宝剑为自己的权益而战时，不要指望我替敌人把他们的手束缚起来。

科尔特斯　上帝呦！我求求你！可怜可怜我这伙人！我们落在群氓的手里了。

蒙特祖玛　我清楚自己的职责。

科尔特斯　那就像个朋友吧！

蒙特祖玛　噢，现在不要呼求我的友谊！不要让我想起你们的友好行为。

科尔特斯　请拿走我们所占领的一切。拿走我们的战利品，救救我们！

　　阿尔瓦拉多　噢，我们的宝贝！

　　蒙特祖玛　你想贿赂我？

　　科尔特斯　为了你自己，去吧。倘若我们阵亡，你会死在我们前面。

　　蒙特祖玛　我清楚。我不怕末日，欢迎它来！

　　阿尔瓦拉多　他毫无感情地让大家毁灭！

　　科尔特斯（急切地）　我现在向你郑重地发誓——

　　蒙特祖玛　不要郑重发誓，因为你习惯了撒谎！你一旦获救，便忘掉了誓言！

　　科尔特斯　我发誓，绝不再带领士兵踏入这个国度。你们自由了！如果你不同情我们，想想，阿兹特克人会因为你的拒绝而流血牺牲。大街小巷躺满了死尸，我们的宝剑会不断地砍死成百上千人。你难道想要让他们因为你的报复心而牺牲吗？你难道不同情自己的人民？

　　蒙特祖玛　我看出来了！这个同情会拯救你。血流成河与你没有任何关系。只不过，你们现在就该死！

　　科尔特斯　蒙特祖玛！

蒙特祖玛 由于你们在我的臣民面前诽谤,他们才憎恨我。就在现在,他们和解了。难道,我最初的举动没有辜负他们的忠诚?难道,当阿兹特克人欢欣鼓舞地为我而死时,我却要像个懦夫?难道要我坐实别人加在我身上的罪责?不,绝不!

阿圭拉 倘若你的人民忠于你,那就证明来看!制止血腥的战斗吧!

蒙特祖玛(自言自语) 我应该怎么接他的话?目之所及,是死亡和不幸,我找不到任何出路!(大声地)我是最凶恶的敌人。你们想放我走,让我带领众人来对付你们?你们不会对我的复仇发抖?我还在这里。你们现在就从敌人手上解放自己吧!

阿尔瓦拉多 你不能死,只要拉我们一把。

阿圭拉 你难道感受不到臣民的苦难?

科尔特斯 既然你不想要仁慈与和平,那就留在这里,观看战斗吧。西班牙人,跟我来,就让我们英勇地战斗。我们要勇敢地捍卫自己的性命。砍倒!斩杀!无论男女!点燃所有房屋。毁灭一切!蒙特祖玛一个人承担罪责!这才是他想要的。

蒙特祖玛 伟大的神灵!岂能让我的子民血流成河?岂能背叛他们,夺走他们的胜利?噢,用死亡来打消我的疑惑吧!

科尔特斯 待着吧!皇帝,你骗不了我!出于对子民的爱,你不会待在这里。惨淡的恐惧把你逼到了角落!

蒙特祖玛　噢，难道命运在同我玩游戏？这次杀戮，我负有罪责，倘若我现在要促成和平，我在子民面前便颜面无存，他们将会唾弃我，将我推开，嘲笑我，而我却挡不住他们的死。噢，这必定会随我而来！我可贵的人民，倘若可以解救你们，我愿意去死。但是，我可以帮你们吗？

桑多瓦尔（抓住他的手）　高贵的皇帝，我清楚你的苦难。我是你的朋友，听听我的建议，不要选择和平！就让我们死去。我们要为罄竹难书的暴行悔罪。

蒙特祖玛　朋友，我得牺牲你？

桑多瓦尔　不用管我！

蒙特祖玛　我岂能对阿兹特克人的杀戮放手不管？如果如今在他们的斗志面前谈和平，那么我永远都得逃避。不过为了他们，我愿意承受。我爱着他们，永远关心他们，难道我现在不能试着做同样的事情？（犹豫不决）

桑多瓦尔（急切地）　就让他们为自己的自由奋斗吧！留下来！你会为人民带来胜利，并为自己带来王冠。（响彻云霄的战争口号，以及"蒙特祖玛万岁"的呼声）

科尔特斯　你还要对这个家伙苦口婆心？让他用自己的权杖自我安慰吧！死亡在向我们招手，让我们笑对它吧。出于对它的崇拜，我们要让这座都城陷入火海，作为我们灭亡的纪念，作为我们死亡路上的火炬！我们像活着的时候一样死去，呻吟、呼号便是我们的送葬歌谣。君王，你就统治一个死尸的民族吧！现在来吧，抽出你们的宝剑，尽情杀戮！我要把他们——

蒙特祖玛（绝望地）　站住！我去！

蒙特祖玛将周围的人挡回去，冲了出去。落幕。

第五幕　第九场

被西班牙人用作营地的寺庙前的广场。背景里有个平台突出来，旁边是入口大门。阿兹特克人愤怒地冲向寺庙，西班牙人在这里防御。前景里是喀喀玛和其他卡兹克。

一位卡兹克　胜利已成定势。他们坚持不了多久。一群绝望的家伙，他们几乎守不住最后几个岗哨。

喀喀玛　他们现在感受到了诸神愤怒的威胁，诸神可怕地向这些胆敢亵渎神庙的恶人复仇。

另外一位卡兹克　他们还在进逼。我们今天就会获得解放，重新成为这片土地的主人。

另外一位　难以置信。他已经离开我们中间太久了。

奎特拉胡阿（走过来）　我们在这里也会胜利。噢，朋友们，欢乐吧！夕阳会看到我们幸福，以及父王的解放。

喀喀玛　多美妙的岁月！和第一次把这把古老的宝剑抽出来时一样，我可以再次在战斗中为祖国将它抽出。蒙特祖玛的父亲带着我上了战场，我救了他的性命。时至今日我还回忆着美好的时光。

奎特拉胡阿　是呀，勇敢的老人，我们大家亏欠你太多！你永远都是年轻人的榜样。——阿兹特克人还是那么士气高涨吗？

喀喀玛　你不会看到比他们更有士气的了。愤怒会伴随他们到最后。谁若是劝他们不要轻举妄动，他们就会杀死他。看呐，他们在冲锋！

奎特拉胡阿　是呀，勇敢的民族！胜利冲刺中的他们势不可挡。(对着逐渐站满整个舞台的阿兹特克人，他们已经放下了武器)阿兹特克人，进攻！拯救你们的皇帝！为你们的诸神复仇！打倒西班牙人！

阿兹特克人(异口同声)　打倒西班牙人！打倒西班牙人！蒙特祖玛万岁！

奎特拉胡阿(对着卡兹克们)　现在，他更愿意站在我们的队伍里。他的被俘令他痛苦。

喀喀玛　大家都知道。他们一直爱戴着他。

另一位　看呐！看呐！他们冲过来了。

另一位　西班牙人又返回来啦！

奎特拉胡阿　如果我们取胜，今晚就可以庆功，要用那些俘虏的血浸润我们的祭坛。

阿兹特克人（在愤怒的战斗中向前冲）　前进！胜利！

大门被撼动。胜利的呼喊声。西班牙人离开围墙。

一位卡兹克　看呐，他们冲进去了！西班牙人在逃。

卡兹克们同样向前冲。大门洞开。绝望的战斗。阿兹特克人冲了进去。

阿兹特克人　胜利！胜利！杀死所有人！

喀喀玛　那里……那是什么？

蒙特祖玛身着威严的服饰出现在平台，由两位侍从挽扶，后面跟着科尔特斯和西班牙人。①

---

① 蒙特祖玛对阿兹特克人的演讲、他被阿兹特克人所伤，以及之后不久的暴亡，都可以在卡斯蒂略和科尔特斯书中找到出处，参见 Bernal Díaz del Castillo, Geschichte der Eroberung von Mexiko, S. 294–295; Hernán Cortés, Die Eroberung Mexikos, S. 93–94。这个经过修改的场景也出现在索利斯那里，他笔下的蒙特祖玛作为君主，与科尔特斯一团和气地商谈，却不被单纯的"人民"所理解，参见 Antonio de Solís y Rivadeneyra, Historia de la conquista de Méjico, S. 282–286。比较有争议的是蒙特祖玛的死，萨阿贡的编年史描述了蒙特祖玛和另外一个人的尸首是如何被扔出寺庙，以及猜想，他是被西班牙人所害，参见 Fray Bernardino de Sahagún, Aus der Welt der Azteken, S. 275。相反，在科尔特斯和卡斯蒂略那里，蒙特祖玛之所以会死，是因为他被国人所伤之后不愿意被治疗，参见 Hernán Cortés, Cartas de Relación, S. 272–273。

阿兹特克人（激动）　皇帝！蒙特祖玛万岁！自由！

蒙特祖玛做了个动作。人们放下武器，一片充满敬畏的安静。

蒙特祖玛（沉思片刻）　阿兹特克人呦，我终于和你们重逢，因为，辛酸的命运将你我拆开。过去这段日子对你我都很艰难。因为你们得臣服于最卑鄙的敌人，而我，因为远离你们，只能孤独、无能为力、无法感同身受地袖手旁观你们的不幸。我热切地期盼，我怀着最美好的祝愿与你们同在。在美好的岁月里，我曾经常率领你们在战场厮杀，也常常凯旋；而现在，我却让你们为了自由孤军奋战。阿兹特克人，以前你们对我充满爱戴，长久的分别令我痛苦不堪。现在，我重获自由，再次回到你们身边，将和你们同甘共苦。

众人（异口同声）　蒙特祖玛万岁！皇帝万岁！

蒙特祖玛　我能重获自由，得感谢你们。你们并没有散漫地屈服，并没有一声不吭、唯唯诺诺地承受外来的轭。你们的表现，是我所期待的。你们遵循着祖先令人骄傲的习俗，他们教化我们的人民要有力量和勇气，把男子汉的勇敢视作遗传，就这样，你们在没有统帅的情况下，自愿地举起了武器。你们怀着神圣的自豪感——凭着一己之力——捍卫着我们的圣迹，取得的胜利无上光荣。阿兹特克人，我有理由对你们感到骄傲。我对于自己做过这里的君主而感到自豪。（阿兹特克人因喜悦而激动）在困境中，你们没有抛弃我，我了解我勇敢的人民，你们的内心就像山峰上的岩石那样坚定和忠诚。你们现在知道，我并不懦弱，并没有向西班牙人投降。如果我有行动的自由，现在就会站在你们中间与你们并肩战斗。长期以来，敌对的命运将我们分隔开，因此，需要和平来和解所发生的一切，你们的壮举不会被遗忘。（沉思片刻）不过，现在，幸福的阳光普照你们，你们已经得胜，请想想我的命运。它今天会降临在这个人身上，明天则会降临在另外一个人身上，没有同情心的人，是不幸的。我已经领悟到这一点。——现在，临到西班牙人！他们在这里主宰过，幸福过，如今，他们赢得的一切，都成为过往。最英勇的人已经战死，剩下的一小群为自己的性命担惊受怕。看吧，这就是命运的变化无常，你们也需敬畏，因为，它在每一天都可能临到你们。他们虽然是敌人，但不要忘记他们！

阿兹特克人（皆不情愿）　打倒他们！送敌人们去死！打倒他们！

蒙特祖玛　阿兹特克人呦！现在，你们的胜局已定，没有人可以撼动。西班牙人已经被狠狠地挫败，他们旧日里高傲的威名一去不复返。他们值得被同情。（人群透着不满）请表现出你们的高贵，就如父辈那样！请不要如此血腥地利用眼下握在手中的权力。仁慈并不会玷污你们的胜利。（愈发高涨的不满）

阿兹特克人（异口同声）　难道要我们撤退？打倒敌人！

蒙特祖玛　自豪（Stolz），是我们民族的光彩。你们无法忍受，在无以复加的胜利喜悦中，有人劝你们克制，或者手下留情。胜利窒息了你们的心中的同情感。

阿兹特克人（愈发不满，一片混乱）　皇帝在说什么？真是懦弱的恐惧！我们要取胜！打倒西班牙人！

蒙特祖玛（不停地被激起的不满所打断）　我也可以感受到敌人的痛苦。我的心很早就感受到自己的不幸，对他人的痛苦也感同身受。即便他们，这些西班牙人，也值得被同情。对你们，阿兹特克人，我也感到抱歉。在敌人，最后一个敌人，奄奄一息地在你们面前倒下之前，还要牺牲多少。你们还有什么企图？不要流血了！要爱护你们的性命，不要白白牺牲！

阿兹特克人（愤怒）　我们无惧牺牲！战斗！自由！

蒙特祖玛（举起手，一片安静，在勉强的肃静中继续演讲）　你们不愿撤退。我对你们的讲话是白费口舌。噢，请听我说！你们自由了。再也没有敌人胆敢凭借军队征服你们。你们的君主在向你们讲话，请听着！你们胜利了，自由了。就心满意足吧！放下武器，放敌人离开，订立和约！（巨大的怒吼声）

众人（异口同声）　他竟敢说这样的话？叛徒！他不再是皇帝！打倒他！（人们把盔甲和武器掷向蒙特祖玛，他倒下）

奎特拉胡阿（惊呼）　父亲！住手！他是无辜的！（飞奔过去。众人惊）

零星的声音　他被杀了！他死了！我们做了什么？

人群分崩离析，蒙特祖玛被西班牙人抬走。落幕。①

———————————

① ［斯宾格勒附注］奎特拉胡阿独自一人，震惊，喃喃自语：死了……死了。

第五幕　第十场

西班牙人营地昏暗的帐幕被火炬照亮。蒙特祖玛昏迷地躺在床上，一些阿兹特克侍从站在一旁。背景里是几个西班牙人。时不时传来战斗声。

第一位侍从　他如此平静地昏迷着。他高贵的灵魂，轻柔、没有一丝痛苦地消散在虚无中。

第二位　他活不久了。我可怜、如此可怜的君主，他总是善良地对待我们！曾经强大的他，现在却如此落魄地死去。要是可以挽救他，我宁愿献出自己的生命！

何塞　这样更好。倘若他苏醒过来，被他们发现，那他就死定了。

第一位侍从　他不该如此。

何塞　而且，接下来就会是我。他终究是个敌人。

第二位　他们越来越近了，希望他不要落入他们手里！

桑多瓦尔（快步上）　他怎么样了？醒过来了吗？噢，上帝，他奄奄一息！

第二位　他已经没有什么可留恋的。

桑多瓦尔　我相信。子民的以下犯上，必定会逼迫他逃离这悲惨的处境。

第二位　我们把他包扎好然后抬走，伤势不很要命。他睡了很久，最后终于有了意识。他久久呆呆地望着我们，就好像完全不记得那可怕的事。突然，记忆让他回想起整件恐怖的事，他愤怒地撕开绷带，大喊，人民打砸他的今天便是他的死期。然后，他便苍白无力地倒下。长时间的晕厥可以缓解他内心的折磨。现在，他奄奄一息。

桑多瓦尔（抓着蒙特祖玛的手）　噢，值得让人落泪的君主！

何塞　上面怎么样了？我们还有救吗？

桑多瓦尔　没有哪个人的命运比你的更可怕。人在尘世过着凄惨的生活，丝毫不值得将它保存，为它操心。而且，你所遭受的一切，令闻者胆寒，人们愿为你血泪俱下。难道，尘世中的高贵是被用来讥讽和粗鄙地消灭？当这个世界里一切都被野蛮的恣意妄为所践踏，人们还可以相信这个世界的驭者吗？世界难道不是他的造物的耻辱印记？我得称你的死是幸福的，因为它以仁慈的方式让你告别这样的生活。你的死令我难过，你是我最亲近的朋友，你的心灵是唯一令我感到亲近的。你撒手人寰，留下我寂寞无依。我所失去的，无人可以领会。死亡不会把我们分开，倘若我今天还不能随你离去，就以我的余生作为对你的思念。

何塞　我们还有希望逃脱吗？

桑多瓦尔　敌人已经被那个举动所震撼，他们应该不会有真正的勇气了。

蒙特祖玛（清醒过来，张望）　你们是谁？不要靠得这么近！你们想害我吗？走开！我已经是死人。

桑多瓦尔　我是你的朋友。

蒙特祖玛　朋友？我没有朋友了。不，桑多瓦尔，你还陪着我，而我的子民却弃我而去。在我死之前，请陪着我。不要让阿兹特克人进来。

桑多瓦尔　你不会死的。

蒙特祖玛　不，不，我必须死。你听见了吗？他们已经在厮杀了，他们想要找到我。我死期已至。

桑多瓦尔　他们不会来的。

蒙特祖玛　朋友，请告诉我真相！请告诉我真相！他们是否很快就要来了？

桑多瓦尔（认真地）　我不想对你隐瞒。我们很快就得分别，不会再见。

蒙特祖玛　难道你也要离开我？在我死之前，难道还得眼看着与朋友分离？如此孤独——而我曾经是多么富足！

桑多瓦尔　我们的梦就这样流逝！身处不幸的你，就用人的不幸来慰藉吧。

蒙特祖玛　希望呦！曾经，我相信传说，我们的幸福会出现在东方，而我所遭遇的一切难道不是来自东方？我们的不幸全部来自你们的舰船。

桑多瓦尔　我们会在永生中得到报偿！这总给苦难中的我们带来安慰。

蒙特祖玛　信仰真的可以给你带来安慰？ [①]

桑多瓦尔　我从小就被教导要去信仰。

蒙特祖玛　那么，死亡对你们而言就不是解脱，因为解脱索取的是生命。终结在你们看来是新的苦难的开始。噢，与死亡相伴的，是一切的消解，这对我们来说是多么喜闻乐见。 [②] 此生的苦难过后，将会永远悄无声息地消失于虚无，得到永恒的安宁与平静，对于灵魂而言，这就是死亡带来的乐趣。

科尔特斯上，全副武装，手里握着宝剑。和西班牙人交谈，然后转身对着蒙特祖玛。

科尔特斯（用单调的声音）　蒙特祖玛，我们现在得撤退了，

---

① ［斯宾格勒附注］穆罕默德。他更清楚什么叫作灾难。我总是向他祈祷。可以证明他是对的。

② ［斯宾格勒附注］桑多瓦尔，请扶我起来。我要找我的子民（有两行无法识读）。

我来道别。我对自己作的恶感到后悔。请原谅我的不义，祝福我在路途上得到安宁。我自己一直以来也是不幸的。保重！（蒙特祖玛盯着他）请不要让我不得解脱地离开。我的行为已经得到惩罚。请不要报复，因为天上的那位已经报复过了。

蒙特祖玛（缓慢，但可怕）　你把我这个行将就木之人留给所有的凶手。这像你的作风！科尔特斯，这是你一贯的做法！（直起身，大声地）不过，请不要以为，这会被遗忘！诅咒会追赶着你，但愿复仇之鬼魂让一个将死之人的遗言在你身上应验。那个因为你的贪婪而牺牲的人的画面，将会一直追着你，败坏你的安宁，无时无刻不让你的良心检视自己的暴行和假誓，让你不得安宁地走向死亡！①

科尔特斯（惊惧）　不要诅咒我！请放过我的良心！

一位士兵（匆匆上）　请快些！敌人已经临近。否则，求生的道路就要被切断。

科尔特斯　蒙特祖玛——

蒙特祖玛（吃力地）　走开！（倒下）②

士兵　将军！救救我们！（科尔特斯不应）

---

① ［斯宾格勒附注］科尔特斯：蒙特祖玛，我们现在就分别吧。我会死，会死在这里。一出木偶戏结束了。
② ［斯宾格勒附注］我也曾在麦加这样祈祷命运。桑多瓦尔：看看大家。蒙特祖玛：桑多瓦尔，救救你自己。桑多瓦尔：人为什么而活？什么是生？我只不过（无法识读）虚无，什么都不是。

士兵(着急地)　十万火急！不要犹豫！

科尔特斯(振作起来)　去吧，阿尔瓦拉多！替我集合军队！我们将从大门突围，然后迅速冲向大坝。我自己会率领中间的部分，桑多瓦尔，你来断后，我把艰难的交给你。(所有西班牙人下，除了桑多瓦尔)

桑多瓦尔(看着他们离去)　我随后就到！

蒙特祖玛　他们走了，这群卑鄙的东西。不，还在那里，他们还在那里。走开！走开！

桑多瓦尔　你在找什么？那里没有人。

蒙特祖玛　留在我身边！不要让我一个人——他们来了……

桑多瓦尔　谁来啦？清醒清醒！

蒙特祖玛(直起身，错乱地扫视)　你们为什么靠得这么近？收起你们的武器……我就要死了……你们想干什么？我的儿子，你也要杀我？噢，我对你做了什么？走开……不要走得这么近……你是谁，你这恐怖的家伙？是你，你是科尔特斯！你要杀害我吗……还在逼近……还在逼近……你们想在这里干什么……阿兹特克人……不要这么死寂般地沉默……又来了许多人……说话呀……沉默令我窒息……噢，走开……他们近了……越来越近(惊呼)，桑多瓦尔！

桑多瓦尔　这里只有我们！蒙特祖玛，过来。我不能在这里久留。

蒙特祖玛　怎么？你要走？

一位士兵（上）　桑多瓦尔，你在哪里？我们都在等着，其他人已经冲进了都城，如果犹豫，我们就要被拦腰截断了。

桑多瓦尔　我得走了。永远保重！

他们久久地拥抱。桑多瓦尔离开，只留下两位侍从。可以听见久久的战斗声。

蒙特祖玛（再次直起身）　就要结束了。我的气数已尽。你们两个忠实的人呦，在我不幸时一直追随着我，过来，请听听我的遗愿：向我的孩子带去他父亲最后的祝福。我对他的爱至死不渝，告诉他，但愿他幸福地接过我的权杖，我希望，他可以真正享受到许多幸福，而不是像我这样不得善终。我还对他有个请求，请他将我埋葬在祖先的陵寝，在都城，在忠诚的子民身边，我热爱着他们，为他们而死。——呜呼，他们不会知晓！而是会将我诅咒。——我生命最后的时刻仍受这痛苦的折磨。我是无辜的。噢，答应我……伸出你们的手……我要死了……你们愿意做吗？

侍从（哭泣着）　是的，亲爱的君主，愿意做你命令的一切。

蒙特祖玛　好，就这么做……我的伤口愈发令我疼痛……他们将……会幸福……受过这么多苦难……可是我再也看不到……他们自由了。是呀，幸福……幸福……呜呼，他们会憎恨我！请告诉他们……我之所以这么做……并非心甘情愿……我不想他们

受委屈……幸福……幸福……（死去）

　　侍从哭泣着迎上去，门突然洞开，奎特拉胡阿与阿兹特克人冲入。

　　奎特拉胡阿　父亲，自由了！一切都是徒然！和解了！回到我们身边！

　　众人　皇帝万岁！

　　第一位侍从（站起身）　为时晚矣！

　　落幕。

剧终

《蒙特祖玛》手记①

早期

N11–34

西班牙人是粗鲁、贪婪、虔敬、卑鄙的一伙人，唯独桑多瓦尔是个例外。阿兹特克人具有古希腊人的理想和日耳曼人的勇敢，真诚，热爱荣誉，果敢，也许有过度的荣誉感，高贵的宗教。特拉斯加拉人类似于阿兹特克人。二者都信仰世界精神（Weltgeist），此外还信仰地下的神灵。他们也拿人献祭。

N11–68

蒙特祖玛和科尔特斯巨大的激情悲剧性地角力。最终，前者身死，后者败兴而逃。科尔特斯想要征服，想要剥削；蒙特祖玛

---

① ［译注］根据德文编者比尔肯迈耶尔（A. Birkenmaier）对斯宾格勒遗产的观察，遗作中题为《蒙特祖玛》的戏剧残篇数量巨大，总共有153篇，其中不少长达数页。总的来说可以划分为三个时期。其中，第68箱标记为N11的文件，为早期（1896—1897）残篇；第65箱标记为D5的文件，为慕尼黑时期（1917年之前）的相关残篇；第51份大文件夹的第64页有许多20世纪30年代的戏剧残篇，其中有一篇与《蒙特祖玛》相关。这里的残篇手记依据德文编者行文中所引用的段落译出，重新排序。

想要欧化，但是消灭了民族，认识到错误——其实欧洲是多么糟糕——为时已晚。

N11–69

蒙特祖玛一开始很幸福，而后紧张，他赞赏西班牙人，和他们单独在一起。想要革新帝国，理想化，但是不明智，由于崇洋媚外而同人民败坏了它。被科尔特斯利用。最终，被欺骗，被俘虏，有所反应。开端。来自特拉斯加拉的消息。蒙特祖玛驾临，得知西班牙人杀害了兄长。愤怒的报复。……蒙特祖玛的演说。位于人民中的儿子，第一个朝他扔石块。我的孩子。奎特拉胡阿逃跑。蒙特祖玛被俘。奎特拉胡阿、某人上。你背叛了……你的孩子，被杀戮的，这些都是因为对你的爱而被杀戮的。父亲，发抖吧！我会击中你。他们看到西班牙人从山上爬上来。忘记盟誓吧！……蒙特祖玛从庙里望。看到如浪潮般的屋舍、房顶、山峦。幸福。太卑微而无法蔑视。桑多瓦尔在自言自语中思辨。他知道麦加，知道格拉纳达。在这里寻找伟大的事物，但是未能找到。整个世界都是虚妄、腐朽、冷漠。因百无聊赖而亡。命运悲剧。这是诸神的意志。营地的场景。讲述遥远的西班牙。它的爱……瓜达尔基维尔河畔的塞维利亚。人如何使用黄金。一位老者。

慕尼黑时期

D5–10

西班牙人神秘的无限感觉，占领天空与世界，凭借刀剑，通过传教、宗教审判、战争。西班牙人一定具有这种浮士德式的特征。悲剧性在于，这个美好的阿兹特克文化成为这种浮士德式冲动的牺牲品，是最巨大意义上的偶然。参看 Meyer, Versuchung des Pescara［《佩斯卡拉的引诱》］，S. 200(!)。那里谈到科尔特斯。

D5–19

所有人都有着权力意志。科尔特斯（僭主的兴趣，征服者），桑多瓦尔（颓废，反思），西班牙人（牟私利者），蒙特祖玛（天才），卡兹克（各不相同），阿兹特克人（平和，没有欲求）。欧罗巴人具有优势，蒙特祖玛知晓这一点，绝望地斗争着。

D5–20 蒙特祖玛

他们向下看着大街小巷斑斓的人潮。……魁扎尔（Quetzal），向东而行的这位国王，有一天会重返，并推翻阿兹特克人。这个信仰的力量。喀喀玛，特斯科科的君主；奎特拉胡阿，蒙特祖玛的兄弟。一开始介绍主要人物。……血洗乔卢拉。可以看到烟雾在山顶缭绕。然后浩浩荡荡的行军，即便人民不悦。他们说阿兹特克人是"异教徒、异端"。Teocallis［金字塔神庙］。西班牙人住在阿萨亚卡特尔的宫殿，敞开的庭院，背后是巨大的战神庙。相对于其他几百种文化，一种文化无助地没落。绝望的悲剧。因此，喀喀玛多么不愿意活下去。瓜德莫辛对于蒙特祖玛的屈服大为恼怒。他离开都城，打算起义。他们出色的谈话。S. 说，但愿上帝助我，一如 Ol. 神父常说的那样。魔鬼！神父，不要这样诅咒。在六弦琴伴奏下，阿尔瓦拉多唱着一首关于佩拉雅的歌曲。神父在责骂，不信神的小子！圣灵呦！你的鼻子长在了哪里。西班牙人的特点。冒险家。一些人打过格拉纳达，在多瑙河畔打过土耳其人，与哥伦布……阿尔瓦拉多、科尔特斯、桑多瓦尔、蒙特霍（Gonzalo de Montejo）、奥尔达斯（Diego de Ordas）、卡雷罗（Francisco Alonzo Carrero）……有些唐吉诃德的味道。利翁、奥尔梅多（Pater Bartolomeo de Olmedo）、他的弥撒助手巴西洛斯（Juan de las Vasillos）。卡斯蒂略后来……科尔特斯一开始就想到征服。

D5–A32

悲剧的基础。他为所有人赎罪，为祖先、贵族、祭司、人民的自私自利赎罪。他们都承受着苦难，但是，他是祭坛上真正的祭品。这一切是一系列错误的链条，一步、一步，被科尔特斯所利用。所有这些错误都有着高贵的动机，真正的伟大、威严、宽和，某种程度上是对高贵（noblesse）和高尚（Edelmut）的追求。总之，是在"聪明人"面前倒下的"高贵者"的类型。……民族的悲剧：他们以前只是享受着生活（对比我们的民主制），没有内在的意义。为时已晚的时候，盲目的狂热。因此，这是他们的罪责。

D5–118

无关道德。具有强烈和冲击性事件的结尾，只是塑造了世事（Weltgeschehen）的大之所在，纯粹、无意，纯粹的现实。让人们看到最为强烈的处境，甚至无关罪责、报应等。

D5–120

莎士比亚的戏剧与历史无关。只是纯粹属人的，也就是说，也可以发生在完全不同的环境里。背景是次要的。Historie［纪事］与诗是对立的（antipoetisch）。《安东尼和克里奥佩特拉》处理的并不是"共和国的没落"，而只是某人对于所有物的争夺。代替帝国的，也可以是土地或者资本。

D5–185

此前，我的做法太过理论化，本应该表现"内在的"冲突，因为，美学谈的就是这个。按下不谈。（从沃尔夫［M. Wolff］

那里读到）莎士比亚所走的是一条正确道路。他将故事情节
（Fabel）看作世界史（Weltgeschichte），而将人视为既定的现实
（Realität），据此创作一出有效的作品。具有内在的深度。

D5–217

这部强大的素材可以成长为一部人类悲剧。原始时代在这里
重返，两种文化相互撞击，鲜血飞溅，只有灭亡。兄弟、儿子、
公敌、被压迫者（特拉斯加拉人）的仇恨，不断增强，变为咆哮。
怪诞的人物：喀喀玛，是生不逢时的拿破仑；特拉斯加拉人，奴
隶起义；西班牙人，喀提林，狂热分子。咆哮席卷了所有人，不
幸的都城化为灰烬，空气中充斥成千上万腐烂尸体的味道。像是
女巫的盛会。从宏伟壮阔的开场起，便以飞驰的节拍向前进展。
许多冲突：阿兹特克人—西班牙人，科尔特斯—桑多瓦尔，喀喀
玛—蒙特祖玛，特拉斯加拉人。四个宽和之人，年长的喀喀玛、
柔和的特胡阿斯、皇帝、蒙特祖玛，都灭亡了，就连不羁的奎特
拉胡阿在杀死兄弟和父亲之后，也战死。令人震惊的奎特拉胡
阿，不信任任何人，沉默寡言，充满仇恨，就像伊阿古①（Jago），
为达目的，想要灭亡双方。戏剧的结构：我诸多作品中唯一一
部，故事情节之丰富，就如同地毯，一定会起到艺术效果，大量
的演员和场次，最为精致地安排。赋格！

D5–230

完全充满精神。彻头彻尾的孤独者、后人类之人
（Posthumen）：祭司、思者、画家。一切峰顶的对话。朝霞中的
寺院，他在哭泣。傍晚围炉夜谈。狂欢节，面具下的艺人，美
酒，如丧考妣。出生太晚之命运的全部负荷都重压在他们身上。

---

① ［译注］莎士比亚戏剧《奥瑟罗》中的人物。

荒废的公园。一出全新的悲剧，其"情节"在于展开的过程：相互认识，在漆黑的夜里促膝长谈，这时壁炉里的火变得清冷，于是，他们愈能感受到何为无望。直至他们最终以古怪收场：断念（祭司）、自戕（画家）、疯狂（思者）。三个巨子的命运。全新的场景处理。给人以冲击力的意大利悲剧场景。

胜者 [①]

（1910）

一

辽阳会战最后一日。成群的日本步兵朝着可怕的俄国炮台进攻。他们不久前才离开故乡，上了战场。

黄色的平原在燃烧。从烟雾缭绕的清晨开始，战斗就在盛夏愈发灼人的热浪中咆哮地持续着。成排成排勇敢的小个子，心中怀着对几乎已成定局的胜利的顽强意志，不断向怒号着掀起浓烟的大炮——俄国人心中的怒火从这里喷发——发起攻击。

一只盲目的手为平原播撒下一座座由僵硬或抽搐的身体垒成

---

① ［译注］此文类似悲剧《蒙特祖玛》，也是斯宾格勒唯一一篇完成的新奇小说（Novelle）。斯宾格勒生前构思的戏剧、小说、诗歌等众多，但是几乎都未曾发表。译文尽量模仿原文的风格。根据斯宾格勒本人的说法，在他眼里，德国人开辟了西方文化的最终阶段，他们也将会创造最后的文学形式，"我自己构想的是几部小说，新奇小说，或者是阅读戏剧，它们可以刻画 20 世纪的深刻意义，经过这场战争之后，至少一些有头脑的人可以洞悉到这一意义。我寄希望于一部全新的德意志大师级散文……它超越路德和歌德，也远超尼采的附庸风雅，大概能够体现我所称之为'兴登堡风格'的东西，精短，清晰，罗马式的，尤其是要自然……不是图像，不是托马斯·曼式的描述"。

的小丘。深深的战壕里尸满为患，死寂，同时，血染的大地在震颤，尖叫声撕裂着天空。即将阵亡者最后一刻模糊的意识里想着，用身躯至少可以搭建一座通往胜利的桥梁。

正值中午，平原是滚烫的。热浪中高悬的太阳就像一只死人眼睛，它下面一望无垠被践踏的原野上，轰隆声、爆炸声、冲锋声、喊杀声此起彼伏。小个子战士越来越少。俄国人再次冲锋，黑压压，阵势很大。举手投足之间，一位高大的军官显露出一副绝望的凝重表情。他看到密密麻麻躺满尸体的地方，突然站起一个小个子士兵，他从头到脚沾满尘土，气喘吁吁，汗流浃背，却卖力地冲在最前面。他不是很结实，步枪在瘦弱的手上颤巍巍，不过，他的眼睛里闪烁着的，是某种莫可名状、令人感到恐怖的东西。当众人不得不撤退，隆隆的炮声再次响起，他满是褶皱的脸上泛起绝望的痛苦。他也看到了高个子军官，仿佛在他身上看到凝结起来的全部敌人，整个俄国，二分之一的人类。

现在就像一场两个人之间远距离的较量，从未谋面的他们，以军刀对刺刀的方式相互对望。这时，万里晴空的深邃碧蓝之下，正在进行惨烈战争的平原，期待地注视着他们。两个人的意识里都感觉到，整个世界的命运决定于对方倒下的刹那。高个子流着血，但是他缓慢地冲向前，率领密密麻麻、黑压压的一群人。他们已经到达最前方的战壕，小个子的英雄们从清晨开始，已经用身躯将这里填满。是某种东西攫住精疲力竭的士兵，它就像炙热的恐惧，恐惧着灵魂深处、周围的辽阔中岌岌可危的一切。他用愤怒的呼喊将其他早已失去所有军官的人们团结起来，叫醒他们，把他们唤醒。

进攻如此猛烈，对面的防线崩溃，继而后撤。小个子指挥着，没有人对此感到惊讶，他自豪地知晓，每一双眼睛是多么信赖他的每一步。

二

他住在离大阪不远的地方，每年早春，家里的花园会被梦境般的樱花笼罩。在这个与世无争、宁静的地方，他画着微不足道的小品画，它们足以满足在世的全部意义。几周前，他应征入伍，换上戎装，与其他不可胜数的士兵一道，漂洋过海来到大洋彼岸。

昨天傍晚，他刚刚踏上这一望无际的原野，在多场激烈战役之后，它又向着更为广阔的原野扩展，并且预示了最后一场决定性战役。突然扑面而来的陌生世界，还没有让他回过神来，这个怯生生、可怜的人，他感到自己迷失在茫茫人海。笨拙的双手摩擦得伤痕累累，被其他人——农夫、轿夫——嘲笑。樱花下的小屋、以前的整个小康生活，无论它多么甜蜜、美满，惨淡地消失，无影无踪，就好像从来就只是个梦。

月亮挂在清冷的夜空。被践踏的土地披上明朗的夜色，千万堆篝火、回响的喊声、远处的炮声、行军的脚步声，使土地承受着残酷的命运。他就坐在那里，没有人注意到这个安静、瘦弱的男人。他第一次听到，为了伟大民族的强大意识，是如何从他人口中发出，自我牺牲，脚下是吞噬生命的大地，但是远方则是荣耀之路的终点。他沉默不语。当悄无声息的风拂过他搏动的太阳穴时，这种不顾艰难险阻的意愿让他喘不过气来。

逐渐，也要如此生存的热切愿望，在他心中复苏，当他处于微醺般甜蜜的无声颤抖时，将他俘获，就像苍凉月色下静坐的他，在永恒的宇宙中，微小、孤独，无人可以察觉到他内心正在发生的巨大转变。

曾经的生活浪游到了远方。就如同他曾经画的画、填的颜色，以及画前面驻足观看的友善面孔那样，那样的生活再也不可能真实存在过。

当一片云掠过月亮，奇异地闪动着银色镶边，他惊讶地望了一眼篝火，还有周围映红的面庞。云朵缓缓地映照在锃光的武器上。耳边响起喧闹和嬉笑声，有人在附近唱起歌谣，不过，歌声很快便消失在黑夜。没有人注意他。成百上千万人意愿的热切光芒映射在他心底，使命感蓦地充盈了身心，让他摆脱了心中曾经希冀的所有微不足道的心愿。他耸起双肩，呼吸着挺起胸膛，眼中闪烁着坚毅，唯独他自己感到自己在成长，没有一双眼睛注意到他内心的变化。

三

就这样，他在第二天早晨向前冲锋，冲向生命中第一次危险，穿过碾碎的草地、翻起的农田，所有人逐渐发觉，自己如何被这个弱不禁风的身躯所吸引。现在，他再次朝着那个高大的俄国人冲锋。某种神圣的东西提振着他，驱动着他，不可抗拒。他的身旁是晃眼的刺刀，人们前仆后继。浓烈的烟雾弥漫在他的头顶，俄国人的样子再次出现在他的眼前，他们充满愤怒，凝重的神情令人压抑。他了解这副神情，彻底地品味过它，它就像眼前备受折磨的大地，现在躺在夏日午后越来越长的影子里。受杀戮和牺牲的厄运召唤，充满职责感的他，在无情地抵抗，身处异国他乡，为了某种他所憎恨或许永远也不会理解的东西。俄国人身后再次闪现出仍在喷射、轰隆着的巨炮，这是他眼里唯一的东西。通过乱作一团的敌人中间这枝不知疲惫的燥热管道，整个世界似乎向他逼近。

炮弹在他身边呼啸，士兵在飞奔，在冲锋。疲惫不堪和惴惴不安的他，趔趄地穿过尸体和被撕开的泥块。有种沉闷的感觉令他无法呼吸，对他而言这是陌生的。他不知道，这究竟是一种来自深渊的恐惧，抑或是神圣终点迫不及待的临近。

近了，越来越近。他认得那些车轮、那些军装、那些肮脏和血染的军靴、伤员剧烈晃动的手臂。一波胜利的骄傲感在他的内心高高泛起。千年来的命运正在实现。大地起伏着，以便将他，唯独他，推向前方；地平线围绕着他转动，就要落山的日头朝他投了一瞥，就连长长的影子也溜了过来，给他指明着道路。他再也听不到战斗的怒号声，再也看不到搏斗的人群，永恒就定格在这个瞬间。他抵达了最后一个已被填满的战壕，举起胳膊，朝后方挥动。他感觉到这一刻周围辽阔世界的所有人，是如何注视着他——这一刻，某种东西近了，越来越近，在他身下断裂，他在震耳欲聋的轰隆中倒下，身下是同他一起倒下的其他人。

四

他躺在冲锋军队的脚步下，剧烈的疼痛，可是意识却惊人地清晰。路到了头。挺立在他面前的是那尊火炮，它投来嘲讽的一瞥，等待着，大声地炫耀着。

两旁仍在呼啸，而他可怜的意识与此地——自己生命的终点——环抱成一个亲密但冷酷的圆环。他试着提起双肩，不过，这个肢体似乎已经不再是他的一部分，无法动弹。为时已晚。就在一个刹那。

突然，他的心中似乎升起一丝神圣的光芒。微笑冲破了疯狂的痛苦。他用已经麻木的双臂，将行囊拨弄到胸前，拉紧可怜的断肢上浸满鲜血的一块白色裹腿，背靠在其他阵亡者的身上。他抽出一张纸，迅速描画起来。用自己鲜血的红色粗线条，他描出山丘上的火炮，自己站在一旁，独自一人，手扶在火炮上。

于是，在激烈战斗中再次走到他身旁的俄国人看到了他。借着苍白夜色，俄国人看到他蜷缩着，呆滞，一动不动。这个小个头呆呆地盯着他，虽然无法说话，但是手里不停地描画着血色的线条。俄国人明白了，脸上露出一丝痛苦的微笑。他给这位艺术家递上一口水，艺术家张了口，接着作画。吃力地点点头，继续画画。当最后的敌人撤退，日本国旗挂在火炮上时，胜利的画作完成了。

那个高个子也已阵亡，曾在这张悲戚的面容上表现出的灵魂，不被知晓、毫无安慰地消散，消散在诸多无名者垒成的小丘下。战斗推进到远方。光线暗淡下去，旗帜独自飘荡。

天边凝结起一抹幽暗的晚霞。万籁俱寂。风冷冷地拂过平原，掀翻阵亡士兵头顶的军帽。他端坐在那里，枯黄、冰冷，露出胜利的笑容，凝视着放在被炸断的双腿上的骇人画作。

思考德意志戏剧与小说 ①

（1917）

　　伴随着战争的开启和随之在德意志民族中间流行的强烈运动的印象，也出现一种迅速燃起的愿望，即重振百余年来所强调的意义上的"民族戏剧"，并为伟大的日常事件提供一种相应有尊严的舞台艺术。这是自然而然的，作为一种时代精神（Zeitgeist）印记，决定它的并非文学批评。

　　正如人们今时今日可以说的那样，如果目标无论如何没有能够实现，那么值得问的是，之所以未能实现，原因是缺乏稍具思想的创作人物，抑或由于某个更深层原因而不能达到目标。

　　如果我们严肃对待这个问题，这里的关键毫无疑问并不是，勤勉的作家是否昨天还在挑拣社会或社交性的材料，今天则在史书中搜寻历史性的材料；抑或某个合乎时宜的趋势蕴藏于随便某个较早前的材料里。诸如此类的材料在所有时代都有可能，但是，它对于时代本身毫无意义。它属于天赋中等和不足者的文学性存在的一部分。而这里谈的是完全不同的东西。

① ［译注］本文原题为《战争、戏剧及小说》（Krieg, Drama und Roman），首次发表在 1917 年《新普鲁士十字报》（Neue Preußische Kreuzzeitung）上，后来收于《演讲与短文集》（O. Spengler, Reden und Aufsätze, hrsg. von H. Kornhardt, München: C. H. Beck, 1951, S. 329–336）。

重要的不在于，是否已经有人写过爱国性的戏剧，而在于，真正的戏剧是否作为一种文类、一个象征，作为同 1914 年"八月经历"（Augusttage；［译注］这里指的是后人乐道的 Augusterlebnis）的原始力量一道突然出现，以至于理解得更为透彻的人感觉到，自己切身经历了新艺术的诞生，无限的内在必然性和自然性的创生。可想而知，人们不会去考虑一种强烈的、痛苦的、人为的，或者杜撰的新意——正如如今表现主义在绘画和雕塑中所呈现的那样，以便在特定的行家或买家圈子带来所谓"新艺术"的幻觉。人们了解到，戏剧的时代既不用通过别致的情节，也不用通过不同寻常的素材、语言表达方式、心理上的震撼，抑或某种有意而为之的东西来证明。比如，在七年战争——普鲁士历史随着这场战争扩展为德意志历史——的印象下，《明娜》（Minna von Barnhelm，1763）一剧在这场战争最后一年问世，这便是一种新艺术。德意志戏剧便发端于此。它的确诞生于罗斯巴赫和洛伊滕的战场上，而随着黑贝尔（Fr. Hebbel）走向了尽头，没能再次从一次伟大的民族事件中汲取新的力量。众所周知，莱比锡和色当（战役）并没有带来戏剧时代。素材选择——比如赫尔曼战役，它的冷僻造成的效果让人感到陌生和冷淡——就已经证明，具有相同内涵的艺术形式并没有从时代的事件中脱颖而出。不过，文学生活的意识在当时还没有达到由于这些事件的伟大而将戏剧之花视为呼之欲出或者必然的程度。由于它还没有出现，也就没有人挂念。但是这一次，人们渴望它的呼声足够响亮，而且人们做的尝试多于所需的。倘若即便如此，仍然未能产生诗性地为后世再现——以相应的庄严或者形式上的伟大——世界大战的作品，原因何在？

意义重大的艺术形式要么自行出现，要么永不出现。这并不是说，有用的戏剧在今天不再可能出现。这种说法是误解了这一思考的意义。不过，今天被写下来的每一部好作品，都可能是根据某种旧时的形式和技艺，甚或更糟的是，根据完全任意的个性方法写成，并且以这种形式表达一种合乎时宜的观点。也许，对于消遣的目的，它完全足够，可是，它并非戏剧艺术。然而，德国的"高级戏剧"情况又如何？莱辛曾意图建立民族戏剧，歌德、席勒、克莱斯特也有这个意图。——黑贝尔亦如此。他并没有说，他要承继它，而是，要建立它。这难道不就意味着，这种民族戏剧一直仅仅是个憧憬，而从没有得到实现？事实上，所有这些诗人都是从头再来。我们现在有许许多多举足轻重的戏剧形式的诗作，但是，我们并没有比如希腊、西班牙、法国戏剧意义上的"德意志戏剧"。莱辛从《萨拉小姐》向《明娜》迈出一大步，是在莎士比亚的影响下发生的，当时，莎士比亚对于德意志作家而言，是最先可以在精神上得到接受的。同样，人们当时将诗划分为抒情诗、叙事诗以及戏剧，并且认为，由于存在这些范畴，所以，这些范畴也必定可以得到落实。但是，人们忽视了，为了成为一个民族活生生的财富，一种艺术形式也仍然与社会条件息息相关。阿提卡戏剧和莎士比亚戏剧的形式，并不单单来自某个理念，相反，极大程度上，也是发展自时代的公共风俗和习惯。要产生一种民族戏剧，还需要剧院文化。倘若没有巴黎和凡尔赛，高乃依、拉辛、莫里哀等人是不可想象的。倘若索福克勒斯在斯巴达或忒拜，他会一事无成。而这里恰恰就是对我们而言的关键性困难。即便在今天，德国也只拥有一种阅读文化。因此导致了，剧院演出即使不是让作家糊口，对于诗歌而言也一定是个无关紧要的小事。人们可以写一部详尽的德语文学史，而不用提及剧院、演出、导演习惯、排演等等，而这在其他情况下是完全不可思议的。自歌德以降的所有德语戏剧家一直以来都在说，他们的戏剧是给某个"理想的"，而不是特定的现实舞台所写的。这意味着，他们将当时的剧院，包括它的环境、观众等，视为某种反诗性的东西。在其他无论什么地方，戏剧创作是为剧院而作，而只有在我们这里，它才意味着赋予单独一门诗歌一种外在的戏剧形式。阅读戏剧是一种独特的德语文学现象。在《浮士德》之前，我们所有的伟大肃剧，毫无例外——如歌德所说——"上不了台面儿"。实际上，只有当德国人私下读戏剧，而非坐在剧院里时，他才会感到毫无障碍和深刻。人们只需要想想，《浮士德》《塔索》《哀格蒙特》《彭忒西勒亚》《居盖斯》等从舞台上影响了多少人，而通过阅读又影响了多少人。我们十分熟悉国外的戏剧家，不过，他们几乎毫无例外地以"经典文库"的形式进一步靠近我们。然而，卡尔德隆、莎士比亚、拉辛等人都只是和他们时代真实的舞台融为一体。值得注意的是，这个真正的剧院文化时期的戏剧，有多少根本就没有印行，而因此散佚，或者好不容易才保留下来。而在德国，印刷品才是第一位的。可以上演，是个美妙的偶然，此外什么都不是。如果时至今日，克莱斯特、格里帕策，或者毕希纳的作品没有一部上演过，对于它们的影响也丝毫起不了作用。首演对于我们而言，不是文学大事，更不是什么社会性的大事。我们的美好社会——无论今日还是以前——与剧院观众毫无一致性。最摩登的导演成就是一种大城市运动，并且相关圈子也十分准确地感受和评价了这些成就。作品在这里是手段，而不是焦点，它的诗性意义既不为大多数观众所知，也不被视为本质性的东西。

　　毫无疑问，这里隐藏着一个问题，认识到它至关重要，至少对于有创作天才的人来讲是这样，他们一方面不清楚，时代将他们赶到哪个方向，另一方面也不清楚，作为时代表现的形式并不是自由选择的问题。人们之所以只是在追求德意志戏剧，是因为，对于小说，我们还不够成熟。对于理论的癖好则令我们信服，戏剧在所有时代都是至高的诗歌形式。小说是面向读者的，因此，也许它恰恰是对于我们而言的最佳形式——想想"维特"，想想让·保罗（Jean Paul）。但是，伟大小说却是以某些社会条件为前提，它们在德国远远没有实现，没有它们，小说永远不会成为一代人创造性的表达。可是，对于真正的戏剧而言，当时为时已晚。早在16、17世纪，一切具有真正民族形式的戏剧已经得到发展，并且也已完成，其中，舞台唱词、场景技术、开始或者结束一个情节的方式、人物和更换布景的数量、同空间和时间的关系等都最终确定了下来，因为，在里面发挥效力的是一个民族的精神，而不是个人的品味。在18世纪，人们的反思达到某个程度，它与这一形式再也无法协调，正如16世纪的精神曾经排除了更为原始的伟大叙事诗形式那样。这也适用于德国。因为，德意志哲学——如莱布尼茨、康德——带来了一种新的精神。它要求小说这种更为广泛、更为智性而非直观的形式，作为其塑造力的真正对象。一个未曾拥有自己的戏剧的民族，就不能再奢望获得它，因为，它已经迈过了引以为前提的心灵阶段。黑贝尔的作品之所以从未像歌德的作品那么受欢迎，它们之所以曾经、现在和未来都只是为小圈子准备的。这些人懂得"从文学史上"欣赏，就如我们只是"从艺术史上"欣赏早期哥特时期的造型艺术品那样，原因在于，黑贝尔凭借伟大小说诗人强大的灵魂学艺术，将他的主题强行塞进了戏剧的形式里面，出于对"一切诗歌的至高形式"的相信，他感到自己有责任坚持这个信念。如果他所服从的理论并没有将戏剧和肃剧混为一谈的话，那么，在他那里会产生什么样的作品呢？因为，肃剧也可以具有小说的形式——这是塞万提斯的教诲。而歌德也用自己的《亲和力》证明了这一点。如果歌德时期的法国文学中产生了一些重要的肃剧的话，人们不会在戏剧里，而是在取得巨大成功的几部小说里寻找它们，比如在司汤达和天生的肃剧家巴尔扎克那里。

　　同样，在古代文学中也有同样的情形。公元前407年逝世的欧里庇德斯已经是智术师们的同时代人了，此时是雅典的启蒙时期。伟大风格的古代戏剧在他之后画上了句点。不过，雅典的人们不再需要它了，人们已经穷尽了希腊精神的这一形式。于是，希腊小说兴起了。尽管如此，人们在雅典、在亚历山大里亚仍然写了成千上万部舞台作品，就如今天的情形一样，但是，它们被人遗忘了。它们不再属于时代的内在必要。当时观众视它们多么重要——当时亚历山大里亚的人们自豪地谈论"肃剧七星"——后世就会觉得它们多么无关紧要。不过，罗马人出现得太晚。今天有杰出的罗马抒情诗，佩特罗尼乌斯写下了古代最优秀的小说，但是，并没有称得上伟大的"罗马戏剧"。

因此，歌德——赫尔德曾言，这个巨子无视所谓理论，只管写自己的——泄露了德语文学真正的秘密。——要是人们愿意看到的话该多好！他找到了一种诗歌形式，对于他的民族而言，这个形式在某种程度上是自然而然的，肯定是通向伟大的德意志小说的最佳过渡。《铁手葛茨》和《哀格蒙特》具有叙事诗的特质，以对话形式娓娓道来。作为"戏剧"来看，它们并不好。莫里哀和卡尔德隆也许都不敢这样尝试，不过，人们不问所以然。人们觉得，无论如何，这种形式比《莫西拿的未婚妻》及《圣女热纳维耶芙》的形式更为自然。人们可以想象，《维特》可以被轻松地消解为一幕幕戏景，相反，《铁手葛茨》也可以用小说的方式来叙述。《浮士德》是一部用戏景构成的小说。在《威廉·迈斯特》中，戏剧理想在关于贸易的对话中实际上已经被消灭了。终于，《亲和力》展现了一种无限高超的肃剧形式，倘若莎士比亚不是一位至高的剧院文化时代里的剧院诗人，他得严格地遵循五幕、激动人心的冲突，以及剧末的谋杀等舞台模式，那么，他也许已经为他的《哈姆雷特》找到了这种形式。如果歌德是当时唯一一位能够书写宏大风格的小说的德意志人，那么，这中间就可以找到他丰富作品的密钥。它们——《维特》《塔索》《浮士德》《诗与真》——的特质是小说性的。它们都具有外在形式的无限性——包括许多写作的残篇性质，而只有不知晓真正小说独特艺术性的人，才会将这种残篇性质视为形式上真正的不足。因而，歌德是最为摩登的德意志诗人。他比黑贝尔和克莱斯特更加摩登，他们不敢摆脱一种老旧的形式，并将这种形式奉献给自然。不同于所有后继者的形式，他的形式几乎没有过时，这一点意义重大。

我们搞美学和搞写作的人至今几乎不懂什么叫一部小说的艺术使命——倘若他们已经不愿将其视为有效的话——及其精神使命，不懂得这样一份劳作的严格、自律，以及高度和广度，或世界视野，或作为其前提的内在卓越性，以至于人们的确可以相信，一个无法做出抒情诗和戏剧贡献的人，至少可以写出小说。实际上，一部伟大小说的前提需要许多重要和罕见的天资以及诸多情形恰巧同时发生，即便一种发展得十分美满和谐的文学（如法国文学）也只能达到上述要求的很小一部分。如果只凭借品味和思想上对所有因素的掌握，将某个合乎时宜的主题放入叙述的形式里，那么，我们的好小说就数不胜数了。事实上，我们还不知道，当代的德语小说得具有怎样的内在结构。常常被引以为榜样的外国人——比如福楼拜和陀思妥耶夫斯基——于我们无任何用处，只要还没某个如歌德般卓越——既是艺术家，又洞达人世，而且是思想家——的德国人能超越他们，找到通过唯一一部作品从而体现我们当下生存的东西。因为，一部伟大小说是一个时代的结晶，不仅仅因为其素材或者趋势本身，也不是因为其中的主人公甚或作者本人谈过的东西，而是其思想（Geist）。在此意义上，《威廉·迈斯特》是18世纪德意志的结晶，即便其中没有谈"流行的"时代问题。因此，整个系列的自我和成长小说——《绿衣亨利》，即便作为原型是极佳的，也不例外——充其量只是更为精致的消遣读物。它们缺乏内在的广博，华而不实。这不是那些打赢一场场战役、令我们激动、驾驭舰船的德国人，不是有纪律、顽强、高瞻远瞩的有头脑的人，是他们创造了国家、军队、工业。在这些乡土气息小说中使性子的人，是一众奇怪的低层次的人——生不逢时的浪漫主义者、闷闷不乐的人、萎靡不振的人以及梦想家。

如果人们误解了小说人物的意义，那么，也就误解了小说的本质所在。他们必须是这样一些人：他们通过自己的精神高度、灵魂性的东西、他们的思想，体现了整个时代。威廉·迈斯特是一位启蒙时期的德意志人。维尔纳、罗塔里欧、雅诺、赛罗、男爵——由此，整个德意志民族汇聚一堂。于连是滑铁卢一役后的法兰西人，拉斯柯尔尼科夫则是六十年代的俄罗斯人。一部小说某种意义上必须具有完整性。歌德曾这样评说过拿破仑：他是世界的纲要。人们在谈到一位伟大小说作家的时候，也可以这么说，那些少数真正创造性地用小说表现了他们的民族和时代的人，也都曾是这样的。要在这个方向上创作某种与时代大事不相上下的东西，人们必须先成为十分卓越者。

即便如此，此时此地，在小说类型的创造中，蕴藏着德语文学巨大的使命。倘若不谈歌德，这个使命直至今日才被提出，因为，作为民族的我们直至今日对于这个使命才变得成熟。除了抒情诗的某些可能性之外——抒情诗还没有被穷尽，因为，几大西欧语言中的德语，是唯一一门还没有走到发展边缘的语言——我将古典德语小说视为也许不是今天，但或许是明天的艺术，而更高的戏剧则是昨天的艺术。

关于抒情诗的思考 [①]

（1920）

面对着全盛时期的哥特式生命感觉，充满朝气的西方灵魂在卡罗琳王朝时期的早春时节破土而出。在这样的景象中，人们无处不在寻觅、咏歌、组合拼接，以便最终在一种强有力的诗作中迸发。一个新的世界开启了。这不再是静谧地围绕着古代人的宇宙，那个拥有美妙和亲近事物的实在（leibhaft）宇宙。在空间和时间的作用下，自然在这里延展为巨大的辽阔和无穷的影响，这些影响表现在开阔的海洋和群山，席卷的云朵、轮转的天际、深邃的黑夜、高邈的以太、以及超越万物、包举一切的名号：上帝。当拉丁语诗行中音节的长短，即它们的格律，早已偏离重音（Betonung），新生在呼唤新的语言精神（Sprachgeist）。

韵律（Reim）变得流行起来，这标志着，这个新兴的世界想要且必须要在音乐，而非雕塑中表达其生存的最终意义。在新的精神中，即便拉丁语也被赋予了灵魂，由内而外无意识地变换了一种感觉。直至文艺复兴才再次将这种富有生气的哥特式拉丁语消灭。

---

① ［译注］本文收于《演讲与短文集》(O. Spengler, Reden und Aufsätze, hrsg. von H. Kornhardt, München: C. H. Beck, 1951, S. 54–62)。

语言是人类真正的奇迹。在少之又少的音节里，蕴藏着一个不可估量的王国，它具有震撼性的深度、深不可测的秘密，以及出人意料的洞察，是一个成千上万年的宝藏，其中蕴涵着无数代人的经验。不过，人们并不"知晓"。在日常对话中，它只是日常语言，对于一般诗人而言，无非是"诗性成语"。

语言只对少数人，而且仅在罕有的时刻，吐露自身。所发生的，妙不可言。语言变成精灵（Dämon），它将人攫住，令其陶醉。它赠予人节奏和音色，表现性、溶解性、咄咄逼人、目标明确、倏忽即逝的元音和音节，以及整个业已散佚的意义的原始宝藏，以便从中塑造某种东西。它是唯一的留存，见证了最为充盈的时刻。

时间感觉在这门技艺内在的时刻里，延展为空间意识：在彼处，在雅典，人本身是真正的自然，是得到实现的身体性，是纯粹身体幸福感觉的充盈；在这里，是空间的颤抖，灵魂喷涌着、流逝着、飞逝着、畏缩着陷入其中。

因此，浮士德式抒情诗的精神，与它曾引以为师范的阿波罗精神严格对立。在那里，是亲近可触的图画，安闲地紧靠着排开，是一种感官上亲近的节奏，并非线条、色彩、音色上不确定的事物，并非彼岸和关系密切的事物，直至贺拉斯大理石般的语言最终表现出后者曾经可能的极致。

不过，在西欧的诸种语言中，韵律的艺术从一种不同的活力里盛开，这种韵律的魔幻越过许多诗行，张成一张无形却精致的网。 一种声乐与节奏、阴影与光亮、字面意以及图画的对位法得以滥觞，它们来自远方，相互交错，奔涌，流淌，寻觅，在不可触及但严格规定的张力中，创造着某种并非为肉体性的眼睛所准备的东西。它无法复制，更无法重思，是一种充满奇迹的超验性，完全是空间，完全是无限。一如在晚至让·保罗（J. Paul）、霍夫曼（E. T. A. Hoffmann），以及拉贝（W. Raabe）的散文中，似乎只有薄薄一层图画般的字面内容，就会将灵魂与世界般深沉的深渊分离开来。倘若人们想要领会西方抒情诗节奏、图像语言、文字艺术的灵动，那么，就不得不从这里出发。每一首古代诗歌在语言上都是一座雕塑，每一首西方的诗歌都是一首奏鸣曲。

它就这样穿行在民族间，并在个别人身上浓缩。这是流动性的生命的渴望，渴望充盈与满足，渴望环抱世界；与之相对立的，是对生成事物的恐惧，恐惧死亡——一切属人的思想、一切科学、一切宗教，都围绕着它。古代自然中身体慌乱的颤抖，和空间中的恐惧，对于我们而言，它们变成了古老传说的故事，凝固成了那些惊悚的形象，后者盘踞在古老教堂的角落。

如弗莱当克（Freidank）的《谦逊》（Bescheidenheit）所说，从"握犁的生活"中产生执剑的生活和披圣衣的生活，即生与死的象征性阶层，贵族和神职，每个阶层以自己的方式歌唱着，是一种渴望和恐惧的高等诗作，二者都生发于辽阔大地的民歌——英雄诗歌（Heldensang）和颂歌（Hymnus）之中。

英雄诗歌——振奋、给人以鼓舞、迈进性的、冲锋性的——表达的是对朝气蓬勃的力量热情洋溢的自信。它在叙事诗和骑士爱情诗中，吐露的是生活中所有伟大的图画：战斗与爱情，这是难以抑制的男性力量的两个见证，以及忠诚、复仇、冒险、宴饮时的笑谈、裂开的伤口中流淌的鲜血。作为精神性塑造力最早的标志，吟游诗人自信的艺术在南方产生，它是对人为教养和合规范的培育感到如痴如醉的欢乐，对于行家和爱好者而言真正的艺术，极具个性、宜人，是韵律艺术、文字音乐（Wortmusik）、选取图画的高等教科书，它几乎发明了西方抒情诗直至一个世纪以后最末期诗人的全部形式宝藏。

同样，与之相距甚远，从埃布罗河到易北河，在寺院和高大教堂的拱顶下，产生了教宗颂歌，它是对某个灵魂的世界恐惧的歌咏。这个灵魂并不是在生成过程的河流里随波逐流，而是在已生成和不可挽回的事物即死亡面前颤抖。孤独、渺小的它，跪倒在威严的空间——它称之为上帝——面前，央求着，信誓旦旦，常常心怀苦闷的抗拒和内心最深处的不屈。这种恐惧凝结为强有力的图画，它们会战胜、驱除、阻止生成的事物，凝结为钢铁般的词序，凝结为克制音调轻声的轰鸣。恐惧将诗性的话语像魔法印章一样烙在存在的秘密之上。它拿来与宇宙的恐惧对抗的诗歌，就如同一枚盾牌，不过这枚盾牌是用神圣的死语言的金属打造的。

生命的诗作来自民族语言，死亡的诗作来自拉丁语，后者就如那些教堂的石块，充满非现实的精神，愈发形容憔悴。由此开始，这种新拉丁文精神蔓延到诸种民族语言。哥特式的恐惧在路德伟大的赞美诗里最后一次显现，从而逐渐在新教的圣歌中衰微。他的《圣经》翻译是哥特式德意志的最后一次壮举，他的语言是这个近代早期的遗言，直至歌德一代才将其开启。

因为，这时，城市的权力逐渐主宰大地。它为市民灵魂包裹起盔甲，用街巷、职业、礼节等，封闭起内在的视野，用尖耸的山墙和概念束缚起天空。灵魂从空间里切割开。一层坚硬的意识层遮盖起早期的辽远。巴洛克是奇异的牙牙学语、喋喋不休和矫揉造作的抒情诗、譬喻、矫揉造作之风、有意而为和灵巧地玩弄辞藻的无尽魅力的时代。城里人愈是成熟，愈是高人一等地俯视农人、乡绅、寺院，他的言语就会愈发必然成为纯粹的概念。启蒙的理智具有充满朝气的统治力，它在凯旋中如此年轻，以至于完全无法不考虑自身。哥白尼体系和牛顿世界图景的创造，所认为的他是那么伟大，足以让他感到，作为可怜传说的鲜活世界，被深深地踩在自己脚下。

在感伤主义、莪相、英式公园、贫瘠的灵魂最终渴望的"重返自然"的世纪，人们逐渐接近那座完成的文化闪耀的峰顶，而在它背后是开敞的深渊。那个时代就要到来，这时，文明的大都市一步步在吞噬大地的边界，而早已丧失创作原初诗作力量、在大门前丧失灵魂的农人，无助地注视着那种在冷漠、凝滞的世界里，愈发造作地展现自身的生存。

不过，恰恰在这里——当精神最终对自身感到厌倦，开始怀疑自身的意义和价值时——再次出现了制作真正的诗作的可能，它不仅仅诞生于对一切感到厌恶、怀疑，对早期时代深刻的生存毫无希望的渴望，而且，它从这种厌恶和怀疑中也感受到了力量：借助一种极致化的艺术塑造力，从而超克二者。

故而，就存在一种在文化肇端和终结时分的伟大抒情诗，人类早春和深秋时节的歌谣，从晦暗的史前时期的飞升和陷入空洞的文明时期的下降，到对充满希望的未来的一瞥和对不可挽回的丧失的回望。

这种迟暮、勉强、被碾碎、人为的灵魂再次出现在无限空间的魔力中，不过，早期岁月的无辜已经一去不复返。再也没有随心所欲和想当然的东西，再也没有整个民族的共振。在毫无形式、毫无灵魂的大众里，只剩下零星的诗人、零星的行家。对永远清醒的精神——无论是属己的内在，还是被它所主宰的环境——的超克程度如此之巨，以至于最后的诗性状态生硬地擦过危险的边界，理智——比如在荷尔德林笔下——在那里迷途。

这种"次等抒情诗"名为浪漫派，顾名思义，人们最愿意重返那段时光，因为，人们不用去占有它，便可感受和知晓它无尽的创造力。忧伤，与其说由于已逝的幸福，毋宁说由于这种已逝的创造力，盖过了这里咏唱、描画以及梦想的一切纯真事物，无论是在莪相、彭斯、雪莱、济慈歌谣中的英伦，还是在德意志，这里的一些诗人内心仍负担着太多真正的乡村生活，以至于都市里的他们，落魄地生活着，这些可爱的乡下人，仍梦想着真正民歌的延续。

这不再是那个无意识、以永不枯竭的饱满，创造常新歌谣的人民。归根结底，他们是只为自己或者在志同道合者的小圈子里进行模仿——要么以真诚的单纯，或者更多时候，以造作的模仿——的城市诗人。就此而言，西欧的浪漫派就指向了古代"同侪"的诗作，他们是亚历山大里亚学派，从忒奥克里托斯（Theokrit）的科斯派到罗马帝国的诗人，他们所求和企及的相同。浪漫派是我们文化的亚历山大里亚主义者。

　　没有哪里的浪漫派像德意志的这样强有力并且深刻，从克洛普施托克至黑贝尔和尼采的整个德意志现代文学，可以划分为前期浪漫派、盛期浪漫派、以及后浪漫派，这样一来，《浮士德初稿》（Urfaust）时期的歌德几乎就处于开端，而写作《浮士德第二部》某些章节时期的歌德，则几乎已经处于其末期，而一众真正的抒情诗人——几乎所有大名鼎鼎的——都属于中期。

　　不同于其他西方文学，巴洛克唯独在这里节省下诗性力量，此刻，以意料之外和不饱满的迟来的花期，奇怪地混杂了野蛮和极其现代的特征，在一个世纪之内，依次匆忙走过多个阶段，而在法国它们缓慢地从维庸（F. Villon）到维尔伦（P. Verlaine）铺展开来。

　　时至今日，德语——就如小说的散文体——在抒情诗中同样也仍未触及表达手段的边界。在路德将其遗留下来的地方，歌德和荷尔德林仍然发现了它。巴洛克的几个世纪里，它在休眠。任何社会文化、任何伟大的社会诗作，都未能将它过滤、整理、固定，因此，也未能埋没它真正的深刻。唯有德语仍保留着时至今日仍未被穷尽的哥特风格特征，它是无边无际的灵魂可能性的王国，即便有语言天赋者在其中也会迷失，是不可估量的言语和关系群，这迫使每位诗人，独自去提出并解决如何掌握的问题。像波德莱尔这样后来的法国人，发觉他们的语言是诱惑并为他的力量赋予灵感的障碍，相反，我们的语言恰恰由于自己哥特式的特点，常常比诗人更具有想象力，将他从一种可能引诱到另一种可能，并提供给他各种从未设想的惊喜。

但是，远离了如今早已终结的浪漫派，似乎真正的诗人愈发不可能出现。一方面，在诗性的瞬间里完全消解精神在城市的紧张的力量在沉寂；另一方面，德语也变成了一种生硬的日常语言，而且，日常秩序中的持续运动，使得在这样的瞬间里，几乎不可能将它完全置换为另一种秩序，即一种只认识图画和字面意，并且从强烈的节奏、色彩，以及声乐统一中再次辨认出它们的秩序。

大多数诗人——比如聪明的亚历山大里亚诗人——只能做到的是——如果人们是诗人——不得不是的样子。他们以一种近乎自欺的适应方式，勉强去创作具有最强烈的精神克制的诗作，在这种克制中，语句是造作的，而非天然偶得，全是选择得当的色彩、构思巧妙的图画，一切排布、构造、平衡，都达到对纯真的最完美想象。以这种方式，他们赢得自己以及他人对新的繁荣、年轻的学派、时期以及萌芽的信仰。然而，抒情诗的历史对于我们而言已经结束。已不再有抒情诗。如今还可以看到的，只是一些愈发罕见的、迟到的既成抒情诗人（Nachzügler einer vollendeten Lyrik），他们处于危险的状态，处于最危险的爆发、迷惘、冒险，以求成功地去塑造。个性的内部产生了一种紧张，由此，也产生了图画的逼迫感、言语的超验性、色彩与音色的逻辑，这种逻辑过于巨大，最终走向了癫狂。人们可以回忆两个先例，如果人们阅读尼采的《狄俄尼索斯颂歌》的话，其中的《太阳在沉落》①（Die Sonne sank），还有尼采之前，精神错乱时期的荷尔德林的一些诗行，比如，

……可是 / 那个迷误的，可怕地、/ 难客居地曲折穿过

---

① ［译注］中译见尼采：《尼采诗选》，钱春绮译，漓江出版社，1986年，第162页。

花园，那个没眼的，因为一个人／用纯洁的手几不能／找到出口。……（《可是当上天的……》①）

或者，

　　……可是祖先／逃到了海的上空／思维敏捷，王的／金首惊异／于水的奥秘，当彤赤中云在舟以上／蒸气而畜牲喑哑／看觑彼此／想着吃食……（《雕》②）

瓦格纳在其音乐的某些瞬间，也达到了类似的境界。同样，在波德莱尔、维尔伦、格奥尔格以及德罗姆（E. Droem）那里亦是如此。

在这里，人们再也找寻不到可触及的风景。这里所描画的，完全不再是浪漫派意义上的图画。天际、天空、廊柱、街道、人物等，都只是对通过感官特征获得的最简要和最内在的体验的召唤。它们一股脑地同时出现，人们对图画的运用，就如同在使用声乐，而且人们丝毫不惧对暴力色彩的运用。时而出现一些令人生疑、多为造作、意图上不可企及或者未能达到的细节，时而也有完美，它令那些有能力进入这门技艺的极少数人洞见到，他们多么难以企及过去的浪漫派。我想提示的是如《穿苍边上的灵魂》(Seele am Firmament)这样的歌咏，或者《阿非利加的地平线》(Afrikanischer Horizont)中的火烈鸟大迁徙，或者下面这几行，

---

① ［译注］中译见荷尔德林：《荷尔德林后期诗歌·文本卷》，刘皓明译，华东师范大学出版社，2009年，第384—387页。
② ［译注］中译见荷尔德林：《荷尔德林后期诗歌·文本卷》，第369页。

　　错落着巴比伦尼亚花圃的 / 纹饰点缀着 / 卧室的地毯 /
倘若可以赋予其灵魂多好。

　　几乎无人会理解这些诗歌一直升华到结尾的超验性。它们所
要求的是第二双眼睛，它看到的最近在咫尺的事物，也只是似是
而非。就如同在面具背后，在这一自然背后也隐藏着第二个自
然，迷失和落魄的灵魂在其中将战胜日常的世界。那种不断企
及，时而以几句言语描绘成的图画，时而用短促且概括性的短语
表达的迷醉的高峰，恰恰就是一切属己的事物最终在其中得以消
融——"唯有你的小小火舌起了皱纹"。这个瞬间相当接近永恒的
消灭和沉沦，是无意识性完全与意识之外的事物的完全统一，就
如在美妙月华这个象征——它出现在最后一组组诗——里那样，
这是空间里内在的自由，它也许指称的是抒情可能性的边界，是
一门技艺，它在这个世纪也许还会带来一位或者几位后继者。尽
管或许那些诗人——对于他们而言这类诗作是存在的—— 的后
继者会缺席。

史学笔记

（1924—1936）

1

史前史家总在博物馆器物——用具、材料——中搜寻人类历史的各个时期。而我则从属于人灵魂生活的时期中寻找。这才是根本性的。其他的一切都只是其结果。

2

十分尖锐地反驳当今的方向，它最终混淆了历史和文化史。世界史是国家、战争以及权力的历史，而非风格形式、思潮的历史。只有当所有这一切具有了政治的形式，才会成为历史的。教会，而非宗教；贸易，而非艺术品。艺术和诗根本就算不上，它们是对现实的逃避。

我在《西方的没落》中已经给出了形式学说。我将在这里给出历史本身。

3

导言　"世界史"是灵魂和精神之间永不止息的冲突的了结，是一幅灵魂撕裂的图景，是最内在的灵魂生活毫无希望、自我毁灭的斗争，它时间性的图景是战争、国王、宗教以及技术。在这里起主导作用，在它们的战争中利用精神、宗教、技术以及道德的，是生命权力（Lebensmacht）。

属于世界史的是教会，而非宗教；是诸发明的政治和科学使用者，而非发明者。

4

导言　根据一个伟大的榜样，唯一一个榜样，一目了然地表明："两个时代"如何交替，高级文明如何从未开化的世界产生。巨大的关联，直至波罗的海、刚果、锡兰。

表明危机如何静悄悄、神秘、突然地出现，灵魂的诞生。

5

在这里粗略地说明"世界史"的意义。世界史的意义：前提是具有历史风格的"人之灵魂"，它由于眼睛和思维习惯于普遍自然（Allnatur）而异化，大约在五千年中消失。有修养的内心生活的主要特征，这种内心生活已经意识到过去—现在—未来！作为图景、环境、目标。事后的知识与预先的知识。于是，人成为历史动物：C阶段，忍受历史；D阶段，最后的暴风雨。对已取得的胜利进行否定，就是非历史的；若进行肯定，则是历史的。

世界史是安排起来的现象，对已发生的和未来的事件有着愈发清晰的眼力。自嘲吧，因为尽管如此，仍得承受悲剧的厄运！张狂（Hybris）。这里是人格和超人格的问题。"我们"是文化，"我"是承载者、毁灭者、衰退。"我"在语言上是张狂的，在种族上则是不育的。个体性是粉末化的形式。

风景的灵魂：普遍自然的总和，原始人与之和谐共处，对于历史性的人而言，则异化为空壳。在他身上，种族仍是一片"风景"。于是，生成了精神，自我消磨着，夹在内在和外在的自然之间，毒害着这两种自然，受自己的驱使，成为牺牲品。宏大的视野！

6

由此来看，历史是庞大的、多数（Vielheiten）的"公共"历史，承载者是举足轻重的个别人，必须考虑到地位（无论来自传统、风俗，抑或个人权力）的个别人的个人命运。做决断的并不是血气不足的有才智之人，而是纯种的冒险者、斗争者、整理者、胜利者。

世界史是良种人的历史，他在精神上缺乏活力。关键的并非个人。众多个人的死亡，会被母亲的多产替代，生命之河奔涌向前。倘若不是如此，就会终结，即便所有不孕的个体生命得到保存。群氓的取向与强大的少数人之间的冲突。

7

作为不可撤销、一次性、个别的行为及其行为者潮流的历史，就是可以被叙述的事物，也仅仅是可以被叙述的事物。因此，历史书写就是作诗，无论是叙事诗或者悲剧诗，着眼于命运，否则，人们便固步于辅助性知识和数据搜集的前知识阶段。

不过，可以拿来叙述的只有人们在眼前生动地观看到的，不是行为的形式，而是行为的事实。数据不明朗的地方，就只能预想实际存在过，但已被遗忘的历史。得以保留的是形式，而非本质。虽然微乎其微，但是，诗人愈发深刻地观察未被遗忘的，便可以从残余中愈发清晰地预想到被遗忘的。

8

构思与导言　狭义的"世界史"是高级文化的历史。根据内在形式，而非平庸的现存文书更替先前的阶段。整全作为一幕、图景、形式、命运。打算书写世界史的人，必须清楚自己想要的是什么。单纯复述关于已发生之事的知识，是平庸的做法。任务并非给出图景，而是给出图景的意义。19 世纪就是这么做的，平庸到令人难以承受，唯理性主义，常识。人们不再切入本应得到阐释的图景。写给平庸头脑的世界史是平庸的。进步论庸人、民主主义者、进化论者、功利的蠢材。

世界史是悲剧的命运。它的舞台是不可化解的灵魂冲突的战场。它的遗产是尸体与废墟。若像文人那样去掩饰，是愚蠢和懦弱的。应该理解的是它的伟大，而非痛苦。不要抱怨，而要自豪！不要躲避，而要接受！如埃斯库罗斯眼中的奥瑞斯特斯和莎士比亚眼中的麦克白，世界史的人是悲剧和伟大的。当属人的理智在黑暗的原始时代生起火，厄运便开始了，有一天终将成为现实。走出生机盎然的自然，悖逆自然，以及要求不同于和强于自然的意志，征服自然之后自以为高明。张狂。因为，无论如何，属人的灵魂终归是自然。人自身中打响了一场此地的自然与别处的人之间的战斗，在后者身上，人的苦痛、胜利、流逝，上升到巨大的程度，蹂躏地球的图景，直至牺牲。后人再次与自然融为一体，作为残余、尸首。然而，我们，今时今日的我们，身处这些灵魂战争其中一场的高峰，既是牺牲品，又是观众。我们应该拥有捍卫者的自豪。

　　能够有如此经历的人有几多？大多数人都是常人（gemein）。常人想要从生命中得到的，无非是长寿、健康、消遣、舒适，也就是所谓的"幸福"。不轻视它的人，应该将眼光从世界史上移开，因为，它的内容大抵是此类。苦难中的伟大，是它所创造的最好的东西。

9

　　世界史是有意识的历史。关于目的、可能性、手段的知识，成就和失败的记忆，预知或对幸福的希望，作为人物人格长存形式的荣耀（Ruhm）。这一切将历史与事件区分开来。从命运的受苦中获得历史，从纯粹的冲动行为中创造历史。空间和时间以及远近等视野是历史的一部分，意图的、计划的或者逝去的行动和受难在这里得以凸显。这个视野以言说的形式思考开始，首先是渺小、日常、个别的行动，继而关于为了生活的行动（作为对意义、事件、内涵整体观的生活），从文化上升到文化，直至浮士德式的行动，着眼于无限、宇宙，以及千年的展望：拿破仑。

10

　　论证，为何世界史直至三千年前才开始。在此之前，只存在人类的种类史（Gattungsgeschichte）。即便在未开化文明的上升期，也只存在形式的历史。个别的现象无关紧要，因为，它构不成一个时期。在这些原始民族里，最佳的与其余民族之间的距离并不大。发生的事件来自中间。部落在活动、在思考、在感觉。个别的人只不过是这一活动的舞台和表达。就连个别生命的非人格性也说明，这一现象广为流行，是自然而然的。所有高级文化的初期，都市作为灵魂的象征：人们在某个点上抱团，这里产生了"历史"。

这是生命激荡中火热性子的本能，每个个别生命都保留着它的一个火花，不过，内心的冲动表现为行动、决心、目标、意志，个人在这里不仅是承载者，而且是主导者。在这里，诸民族被明确分为行动主体和行动客体：领导者与牺牲者、英雄与群氓。这些文化的每一种都是他们之间的斗争。英雄、创造者、领导者生育出文化，群氓寄生于其中，噬咬着它。

11

始终强调，行动的男性历史如何被家庭的女性历史——婚姻、庇护、优待亲属——挫败（拿破仑、塞薇利娅、哈布斯堡家族）。"观念史"是个幻想。至关重要的只不过是，谁利用观念，以及如何利用。比如，闵采尔：民主观念如何被少数富人家族所利用。教皇的裙带关系亦如此。

12

职是之故，我把历史既不划分为时代，也不划分为地理的历史区域，而是分为形式：前史、盛期、后史。三者充满国家、战争、个人的行动及思想，不过，它们在一开始意义较少，在中间部分意义重大，到了末期毫无意义。

13

历史从五千年前至四千年前的转折时期开始，从人类发展的两个点开始，即从充盈了思想的重点开始：石棚墓和卡什。此时还不存在"民族"。一切都没有名称。不过，这类观念给了人们灵感，继续照亮他们、驱动他们。北方，活跃、漫游；南方，消极、指引。所有生动的创造来自北方，来自物资缺乏，来自寒冷。南方物资充足，有阳光。生命是火焰。南方接受，北方生产。

　　我要讲述，把证据放在后面。

14

　　更为深刻地挖掘本书的整体情况。前提是冰川时期和高级文化之间的第一个时代。根据语言、艺术、神话等记录几支大的"种族"。倘若说每种文化里都形成了一种极具有地域性特点的对立的灵魂（Gegenseele）是事实的话，那么，这或许与立足土地的种族这个现象息息相关。扬基可以变成印第安人，那么，真正的法兰西人也可以是奥瑞纳族的穴居人。

　　暴虐性出自佛罗伦萨（伊特鲁里亚人）和巴黎（奥瑞纳人），酒神性出自前多里斯人的发祥地。联想德拉维达、扬基艺术。麻葛式，则联想阿拉伯-波斯的对立；埃及，则联想上埃及和西部三角洲艺术的对立。关于后者，我们所能见到的只是克里特式的（有花纹并且反造型！）。可塑的（图画）包括叙事诗、新奇小说（《一千零一夜》是波斯的），纹饰的包括艺术抒情诗（吟游诗人、阿拉伯）和寓言。德意志叙事诗来自阿尔卑斯人种（homo alpinus，拍鞋舞者的图像舞[Bildtanz]），德意志音乐来自日耳曼人（华尔兹的装饰舞[Ornamenttanz]）。建筑艺术也属于纹饰学。二者都是纯粹的象征，庄严。模仿性的绘画艺术更有活力。在这里需要深化：君士坦丁画像是灵魂的装饰（"风格化了的"）！

15

如果科学一开始挖掘，发现了"旧石器时期"和"新石器时期"之间的断裂，找到了陶片、骨器、犁、坟墓，那么，它就会一直盲目下去。它所找到的是人工生活的痕迹，这种生活已从有机性迈向了组织性，从预感迈向了思考，从利用迈向了制作。而灵魂是不一样的。全新感觉的世界主宰着生活。知识树！恨与爱、灵魂的恐惧与热情洋溢、残酷和同情、"真"、"正义"等都从这里长出。更高等的人是伟大和可怕的。在他的生存——还有多久？——之上是一阵幸福与不幸和折磨可怕的欲求的微风。因为，知识掩盖了不幸，科学是这种所知甚多（Zuvielwissen）的悲剧，它的结果是无限的不幸——那个更高等的人既从自己，也从他人那里碰到它，既使自己，也使他人深受其苦。

16

何谓世界史？首先，完全不是人类史，而是高级文化时代——人们知晓它，而且，它在这里有了划分的时期——里该历史的进程，比如，都市、阶层。其次，也不是精神的历史（艺术、宗教、科学），而是生命、人种、种族的历史。不是私人的历史（传记），而是生命本身在年代中的"制度化"，即政治的，其中，经济和精神可算作动机。国家和历史是关联概念。战争与政治是一致的，针对意识形态的胡话。一切精神性的事物不变。事实与真理。

17

世界史是人内在和人之外的自然的冲突，类似其他伟大的自然戏剧，它们生命的河流在其中相互倾轧——地震、雷雨、风暴。毁灭的美丽寓于其上，胜利意图的伟大。在其中寻找追求益处和功利的"进步"，是愚蠢和令人作呕的。从进步论庸人的视角来看，历史是无意义的。——谢天谢地。成为肉身的自然力量疯狂地相互对峙。

18

世界史是一部人类及其行动的历史吗？因为，任何行动都是针对某种需要被克服、被改造、被添加、被勾销的事物，以便使一种生命得到另一种生命的认可，因此，行动是残酷的。因为，它无论何时何地都是如此残酷，是温和的沉思所无法承受的，因此，它是在犯罪——高贵意义上的犯罪。因为，它使得生命与生命对峙，那么，它就是血腥的，而且通过杀戮来促进生命。它不是也不会是另一副模样，不存在作为观念进化的历史。如哲学家们所理解的那样，所谓"精神史"（Geistesgeschichte）是对个别学派和种族"你家唱罢我家唱"的概念的纵览，人们尽可以称这些概念为真理、思想、原则。面对现实的世界史，它的态度无异于观潮。

19

晦暗的秘密　黑贝尔曾说："永远不要打搅世界的睡眠。"可是精神这么做了。这是人类悲剧中最大的罪责。自然通过消灭人类来进行报复。因为，精神的本质和使命在于唤醒世界。但是，正因为如此，厄运得以降临。自然不容嘲弄。可是，根据精神的观念，世界的沉睡是它的过错。根据自然的观念，唤醒世界则是精神的过错。这是黑贝尔的看法。

20

我所书写的，是一出悲剧。此视野中的"世界史"是悲剧性的：变得自由的人与世界缠斗，即自身周围的、自身之内的、他人之内的世界。高人是不幸的。他挖掘过壕沟之后，留下的大地是战场，是废墟。他将植物、动物、海洋、山川一并拖入自己的没落。他血腥地勾画、篡改、扭曲世界的样貌。不过，这便是伟大所在。一旦他不再存在，他的命运便成为某种伟大的事物。那些可以经历并目睹这种伟大之时代的人有福了。

21

即便我使"世界史"摆脱了中世纪的模式（古代—中古—近代），并不依赖我自己的处境去观察它，观看的整个内在形式仍然受我个人生命的地点和时间的局限。无人可以迈过去这个坎。我所看到的东西，对于中国人和印度人，只是有限地为真。如果中国人成为基督徒，那么，他的道教信仰会换上基督教的措辞。

22

更高超的德意志风格（兰克、麦耶尔、泰纳）的历史书写是浪漫派，并且将会与之一道消灭。我是最后一位。英国式的历史书写是唯理性的、肤浅、因果式、非悲剧性的。

23

关于布局　第一卷中只是一些重大的时间阶段，因此，以箴言的形式提到个别的精神领域，比起回答，更多的是提问。同时给出定位：所在的地球作为近日点、近冰点、近海、远海、平原、高山。从一开始，就有先进的、紧随其后的，或者在创造性上亦步亦趋和落后的地区。在这里，风貌对于灵魂的根源是决定性的，抑或，灵魂不受风貌力量的局限，以至于也能够创造性地游荡？

第一卷的时间以四千年为限，因此，以语法的完成、金属铸造、太阳神作结。

24

本质意义上的"世界史"并不以人为起点。它描述的是更高人性的命运，即便也会描写其不那么开化的世纪。整个人类内部在灵魂上最重要的因素，具有体味历史，而非忍受各种事件之苦的能力之前，还得经历很多。不过，在 homo［人］这个种类——人类只不过是对该种类加上的狂妄头衔——的命运进程中，零星而绝非遍地开花地，直至很晚才出现一个时刻。这时，（无论精神的还是物质的）人造物的构造，成为对于人自身而言的力量；这时，"文化"不仅成为其表达，而且是心领神会、神通广大的表达，由此，也成为环境（Umwelt）。在此，我按下漫长且丰富的史前史不谈，因为，它是形而上学的表达，只能够以形而上学的方式来推导。人之灵魂在此时诞生，并日趋成熟。从此，它便以自身的基本特征得以完成，开始了创造。这种创造的体现便是世界，其历史得到人们的讲述。

因此，存在一个从灵魂史向世界史的过渡：由灵魂的秘密向属人造物之世界图景的过渡。这是我所理解的"世界史"。指的是这个造物的世界。

25

今时今日，必须克服的是时代中的燧石与陶片唯物主义，人们在这里把蒸汽机和电报线视作"文化"的意义和体现。在这个走下坡路的第一个世纪，即19世纪，生命的症状和意义发生了混淆。倘若对于我们都市里的大多数白人（无论是不是学者）而言，的确是症状构成了生存的全部意义，那么，这只不过标志着，生存已经变得无意义、多余，到达了终点。可是，在这里，一开始的时候并不是这么回事。如果人们选择了今时今日的区分，那么，这些人就不是技术人员，而是梦想家，是不祥的、备受折磨的、做着白日梦的梦想家。就石斧和钟形杯而言，重要的并不是它们让生活变得更舒适——当时的人们完全不会有这种感觉；而是灵魂迫切地要具体有外形，它们负载了太多的象征。

倘若陶片整理者缺乏形而上学深度，那么，文化圈学说就尤其缺乏历史意义。"层级"并不是时代。历史时代的因素是速度、延续以及方向，而非单纯的并列。但是，由于陶片整理者未能洞悉生成过程的奥秘，当他们一味大谈特谈千年时，民族志专家就忘掉了千年和十年之间的区别。

尽管如此，历史、灵魂、生命的整个奥秘，寓于时间，何时、多久、多快、为何以及去往何处。即便"为何"成了——我们只能既敬畏又好奇地摸索的——永恒奥秘，"何时"与"何处"仍是我们可预料之物最深刻的象征。

26

人们可以将人性史分为两大部分。一部分为上升的时期，此时，人之灵魂正在形成，一切外部的出现、生长、流逝，相对于为未来事件——作为该事件的表达——奠定基础的事物的形而上学结构而言，都是毫无意义的。另一部分为内心占有的时期，此时，这个心灵在结构上已经完备，生命将会具有形体，愈发丰富、精致、危险，此时，个别事件越来越具有自己的意义。

我希望很快可以呈现第一部分的时期——灵魂的早期和青春期历史。在这里要讲述的是，成熟灵魂的效果史中所发生的故事。因为，区别在于，故事使得诸时代得以丰满并具有意义。于是有了内在的前提。因此，灵魂的创造，于是，生命获得意义；以完备的灵魂创造生命。因此，从有机事物到组织起来的事物，从命运到因果。在这里只需得到暗示。

27

末世的浮士德式之人的世界图景，勇敢、怀疑、深沉，并不是"真"的，而是对我们（西方晚期的人）而言现实的东西。这幅图景是我们稔熟的，它是我们自己，是每个个人——只要他有深度——都会去探究的，并在内心懵懂预感到的。我的任务便是向他澄清这幅图景。

28

人们必须领会自己的时代！因为，世界图景只来自一个时代，"永恒的"图景是荒谬的。

29

观看与"作诗" 每一种创造渴望都是幻想-诗性的。人们从女人（或者男人）身上看到一幅图画。性爱成为性渴望的附加物。同样，诗性成为权力意志的附加物：征服、破坏、残暴。杀人的快感。纵火、毁灭、创造。亚历山大、拿破仑。所有做出壮举之人（施廷内斯、俾斯麦）都是"诗人"。（克罗伊格、博尔克曼。）"壮举"作为诗作而生。此外的人都只是附属性的：计算员、组织者、官僚。有诗性，意味着有观念（Ideen）。而观看（Schau）便是观念。

30

大多数思想家自以为找到了所有人都应该视之为正确的"唯一"真理，这种想法是荒谬的。我满足于描绘自己的形而上学，希望帮助灵魂相近的人形成他们自己的形而上学。

31

在接触任何博大的哲学时，人们必须首先揭开其经院式的表皮，看清背后藏着什么样的哲学家。大多数情况下得出的结论是，什么都没有。比如在埃卡特（Eckart）那里，人们所看到的，完全不同于其博学的浮华让人想象到的。

32

这个世界的变化何其大！熙攘的人世之上有个笑呵呵的世界

精神，俯视着正直的礼帽、军刀、骑士的徽章，沉默片刻，看到了更早的假发和佩剑，那里更早的时候闪耀的是林中的石斧。在戈壁——人们称之为都市——的某个角落里，坐着四眼的教师，他们与世隔绝，苦思冥想着概念和推论，相互嫉妒，不知疲倦地打着口水仗，把结论灌输给学徒，以便这些年轻人可以装模作样地壮大他的成果。没人关心这些。

33

这些专业观点！他们早已忘记，所有研究的目标最初是理解人的发展。每个专业拥有自己的概念世界，人们通过它只看到那些与之相符的东西。在人生与死的节点上，有的人看到"新石器时期"，有的人看到"纹饰陶器"，有的人则看到尼安德特人头盖骨。这个只看到保存完好的一套手斧，那个则看到燃烧层。诸如原始印度日耳曼曲折变化等概念，发出的回响，就像来自另一个世界。人们再也看不到人的影子，而是一堆字母。

我不愿从中得出什么"新的"认知方法。不存在这样的东西。我只想提醒个别的人注意，人们日常使用但不去注意的认知方式。我们拥有的整个经验宝藏，建基于这些"未被发掘的"方法之上。

34

史家不能够区分的是：作为他心眼之前具有精神秩序的精神图景的历史，和作为宇宙中被动者（das Bewegte）的历史。"一个民族步入历史"——进入图景抑或进入潮流？前者会因为某部被发现的书本而改变，后者则因为突变。

35

想要完全沉浸在这些遥远的时代，人们必须成为诗人，或者画家。在南方夏末的一天，头脑里装着一杯醇酒。这样，人们才能放眼千年，置身于童话般的风光。一味在书桌边绞尽可怜的逻辑脑汁、费力思考的人，永远得不到古代光芒的青睐。

36

对研究的批判　我们面前的一切——由勤劳的收藏家和整理者积累、归类、传抄，只是作品（Werk）的残余。作品是诸多行动的结果。行动是灵魂的表达。无论陶片，抑或名词二格，抑或战争遗迹，作为废墟，它们总是生命、一系列行动、灵魂的见证。残剩的还有多少？何其歪曲、片面、有限。意图从残余的总和中推断出灵魂的范围，大错特错。理念和决心并没有遗留下残余。废墟本身乏善可陈，是最没有价值的东西。当它们决定结论的水平高低时，科学本身就毫无价值、空洞无物、毫无灵魂。这里朝我们说话的是人，以渐弱的声音。只有诗人才可以再次体验，他能够从一个痕迹唤醒整个世界。因为，作品遗留下来的只有石头和金属，只有眼睛可见的残余。声音、音乐、舞蹈、故事、场景、行动、姿态，这一切都缺席，意志无踪可寻。倘若我们无法从过往的深渊唤回它们，研究就毫无价值。无论人们搜集的是武器、头骨、陶片或者邮票，都无关紧要。将日常渺小的自私自利——进步、实用、作为宗教起源的物理知识的缺乏——带到破碎的残余图景中。这一切多么乏味，多么愚蠢！

37

向史前史指出错误，这个错误也是"世界史"所犯的，之所以会这样，是因为，今时今日，有发言权的那些专家尽信"材料"。兰克说过，有文献的地方就有了历史。——不，先生，这里开始的不是历史本身，而是卡片箱。难道说，在我们发现最古老的几片手稿的地方，罗马人的历史恰恰就从这里开始？张狂！

然而，史前史家亦如此。"出土物"限制了历史，他们根据出土物的分类来进行分期。可怜的原始人呦！倘若他们从木头而非石头造出刮刀，与我们就毫不相干，因为，我们没有发现刮刀。

无论在世界史还是史前史那里，我想要做的是，使历史视野——面相学手法——摆脱出土的物体或者证据等偶然。通过培养一种可以排除这类荒唐的推论艺术。罗马人的历史远比我们的证据古老，只不过我们无从知晓，不过，我们必须将它归入存在的（vorhanden）行列。原始人的历史远比石器时代古老，在全然不同的意义上，比"石器问题"更为古老。它的历史可以延伸到并不存在所谓"工艺品"的时代和情形，但是当时已经存在灵魂的发展。这才是承载性的，远比证据更为重要。我们得清楚，石器时代和铜器时代的划分，并不比将欧洲历史进行龙骨、羽管、打字机时代的划分更为明智。人们混淆了表达与所要表达的内容。绳纹器远比陶器这个事实更为深刻。金属铸造是一种变化了的世界观的结果，是个象征。我们必须使阶段顺序独立于博物馆里出土物的分类。埃及和巴比伦文化——它们就在时期内部，未做分期——已经证明，石器和铜器对于时期内部而言，多么无关紧要。在这里，历史是内在生活的历史，它表现为建筑、饰物、社会制度等风格，而不是材料的历史。同样，这也适用于铁器。

我们要书写的是人的历史，而非材料的历史，因此，是一部灵魂的历史。

38

进化理念将各个阶段视作现代-智力-理性的，它理解的历史是承继（Nacheinander），也就是说，是错误的。同样，文化圈学说已经过时，它理解的是并列（Nebeneinander），这种并列通过所谓的"较早"或"较晚"完全得不到任何年代学价值。还需要做的一个步骤是，真正去书写"史前史"顾名思义的东西，亦即除地域和方向之外，速度和延续、何时与多久，也在其中发挥作用的历史。历史是对生命的讲述，而不是对其脚步的计数。

39

狭义上的世界史是高级文化及其预备的历史，一万年。在此之前，是"原史"地带，是诸民族、城邦、艺术的起伏，没有进步。科学在这个地带的方法，是纯粹搜集性和整理性的，也就是说自然科学的方式：关键在于状态。因为，这里触及了巨大的关联：生活方式——其历史涉及的是种类和时代——的历史，从科学来看，它显得是停滞的。

接着，从生活的历史回到行星系统的地表的历史！自然科学在这里似乎全权负责，因为，相对的时代令人惊讶。

40

历史图景　1. 历史图景，作为历史的世界：如歌德《诗与真》呈现的生平，它是某个属己精神中回忆的实事，得到象征的刻画，鲜活、耀眼。

因此，每个西方人都有了这样一幅属己的、直接的、作为历史的世界图景，属己生命的意识献身其中，它为所有行动和影响奠定根基。诗与真，就其是可以赋予单纯的数据以灵魂的属己的伟大而言。如每个个别的人所拥有的那样，所有个别的组织、阶层、层级、时代，都拥有这样的历史图景。存在哥特式的历史图景、文艺复兴的历史图景、活在19世纪的人的历史图景。另一方面，也存在德意志的、法兰西的历史图景，它们具有各自民族灵魂的独特色彩，并有各自灵魂学上的定义。也存在社会主义者、保守主义者、自由主义者、祭司、农人、大城市学者、职业史学家等的图景。于是，每个人终于从成千上万幅图景中得到一份私产，它不会被拿来与人分享，形成所有争执永远无法消除的根基。

2. 然而，古人的历史世界图景则是全然不同的类型。

3. 历史图景与传说和童话的亲缘性：在原始人、农人以及古人那里，它们几乎是一致的。即便在至高的西欧人那里，天际的图景也逐渐转变为传说——根据形式：查理大帝、拿破仑、莱比锡会战、色当战役，时至今日，在民族意识中已经具有了传说的形式。

4. 这种传说形式塑造着外表、偶然；深刻的有机结构是情感、直觉。同样，"自然的图景"只是对于有教养者而言是科学性的——而这也只是在智识因素中！此外，同样是并且总是自然神话（Naturmythus）。在高人生活中的某些时刻，智性突出了一幅科学的自然图景，人们对其持久性和延续性抱有错觉。

41

论世界史，箴言　哈特谢普苏特（Hatschepsut）和泰伊（Teje）、伟大的女王和深宫中的帝母，她们总是需要顺带提一笔。她们是莉薇娅（Livia）、小阿格里皮娜（Agrippina）、埃拉伽巴路斯（Elagabal）身边的女人。有必要提及一些图画：与这些女人相并列的是，伊赫那吞（Echnaton）与马可·奥勒留，图拉真（Trajan）与拉美西斯（Ramses），图特摩斯（Thutmosis）与奥古斯都，或者恺撒。一组箴言中的这些要素，题为《透视》（Perspektiven）——最高类型的对比和洞察！第二组箴言，题为《永恒的视角》（Sub specie aeternitatis）——从整体上对诸文化的最终展望。以这种方式整理一些。配上图画！创作一本全新的插图作品！尤其是人物头像！装饰，以便透露"历史的风格"。一种历史的笔迹学（Graphologie der Historie）。

　　一组关于太阳和月亮文明概念的箴言。这里是诸民族类型，罗马人、普鲁士人以及阿兹特克人。以及日本人、迦太基人、犹太人，他们将载入后来的文明。

42

　　历史方法　现存的自然科学方法、唯一纯粹科学的方法的本质，非常简单。而历史中的方法问题却更为困难。预备性的工作（筛选材料、搜集）具有体系性，是个累活儿，它对于二三流史家而言意味着全部，而且，也令伟大的史家对自身成就的本质产生错觉。他未能看到，自己创造性而非系统整理性的成就的分量，超越于这项工作及其方法。此外，一旦某位史家自说自话，分享自己创造性的洞见和观点，他就不得不被迫借用系统性的手段，如语言、概念、判断以及结论。因为，精神性的散文报告不是面相学的，而是系统性的。

　　因此，报告的形式在这里与需要被报告的内容相矛盾，深刻的思想家对此深有体会：多少最佳、最深刻的东西在此丢失！完全个性和精致的事物在转为语言表达时，得被磨掉多少、变得多么粗糙。对艺术表达的隐秘渴望：诗性描述、戏剧构思、画面、愿景、精短箴言的暗示——这仅仅触及语言手段！不幸的是，这个事实也误导了伟大的史家。因为，他们认识到这种报告形式的精神，于是以为自己也认识到了独特的历史方法，因此，绞尽脑汁地赋予他们的表述以起因、影响、推论、判断以及概念等形象，而不是尽可能地避免这种不得已而为之的异质领域。

尽管如此，人们一定会根据每一份伟大的历史成就，将面相学-创造性的内核，与科学-系统性的物质区分开来，只有通过它，这个内核才可以得到言说。

［关于历史与历史书写］
43

历史沉思是浮士德式的怀疑。存在诸多种族和认知的文化。即便作为自然学者，人们仅仅认识到自己同类中的人，并且只能说服同类人。

44

命运与因果　何为命运，无法定义，只能亲身经历。大多数人太愚蠢而做不到。于是，历史被分解为数据，一部分被称作原因，另一部分为影响。这样做的人并不懂得，何谓历史。

墨索里尼是命运，没有影响。悲剧。整个人类是一出悲剧。在头脑简单、因果式思考的人看来，历史是无意义的。然而，历史的意义会令属人的渺小尺度和评价（如正义、非正义）变得可笑。历史从不顾及这些。

45

人发生了什么，当他意识到自己的视野、处境、目标以及手段，因而，在灵魂中受到命运的驱使，他怎样创造历史（C与D阶段），即他的"世界史"。这种有意识的历史从语言开始。伟大的个体与大多数人之间的差别：伟人对实际（Tatsache）有着更为伟大的面相学洞察力，尽管如此，他们仍然在为命运效劳。

46

真正的政治家和史家认为自己是一往无前奔涌的变革大潮之一分子。政治是可能之事的技艺。自视为一分子（拿破仑）。对命运的肯定，amor fati［命运之爱］。体系的头脑构建了起因、数字、法则的链条，不是观看，而是批判地进行分解，自以为能够改变起因的链条。——意识形态，乌托邦。

47

伟大的历史观看者会构建整全的体系（数字、数据、理论），但不会成为其牺牲品。作为说明观看到的事物的手段。数据和数字的搜集者、整理者，永远走不出乏味图式，达不到对现实之物、活生生的变革的观看。

空间数据（数字、图表、年代学、地图、表格）只不过是表达方式，而非目的本身。

生活的历史（无论纪传或者世界史）只能形象地得到描述，以年代次序或者艺术性地分类（《西方的没落》）。

48

何谓文化？"生命"作为单位，人之生命首先是个单位。

文化是"人之生命"这个总体的有机样本。其内在形式是：青春期、老年、延续（一千年）、速度。

这些命运的具体形式无法预知，但是，可以确定的是内在形象的终点。

49

数字会杀死生命——出于恐惧的计算意图：神谕、预言、星相。年代学绝不能成为主业、图式。真正的史家和政治家预知的未来形象不可更改（可能之事的技艺），体系头脑却什么也看不到。因此，他才计算，但总是错的。他所没有的是活生生的时间。他的玄思囿于空间、囿于法则、不受制于时间。

体系头脑的恐惧，意图发现数据和法则，以便摆脱命运。面相学家对命运抱有敬畏，他想要直观地描述，而非绕过它。

50

文化是对可能之事无意识地实现，是渴望，而非决心。一切文化形式的产生，都是不自觉的。文化并不是由民族创造，相反，它创造了民族。类似于艺术品和思维方式，民族类型也是文化的表达，是象征物。

思考、绘画、作诗的人，只想有意识地创造。至于如何，由他内心的某种推动性力量来做。"我"之外的"本我"（Es）。

过分伟大的企图心会杀死创造者。残留的只有批判，自我批判。人们知道本应如何，却无法做到。

51

增补　思想在每个文化中形成的类似方式，对世界独一无二的洞察，以相同发展的形式，在语言和精神方面脱颖而出，最为隐蔽的是各自的逻辑，乍看上去，它是"普遍人性的"。根本上迥异的才是决定性的，比起洞见而言更为现实，即沉思、探究、观看的方法；古代、中国、埃及的方法是"原始现象"。

52

做出壮举之人，如拿破仑，在诸多艰难决断的瞬间犹疑不定、感到疑惑，他会经历一个时刻，关于起因和影响的思考，在此时被证明是毫无意义的，命运揭开了自己的面纱。然后，思考毫无助益，有用的唯有直觉，唯有对星辰的信仰。

53

创造者的感觉是自由的。自由寓于所有的行动。任何行动，包括失败的行动，在本质上都是自由意志的胜利。只有害怕行动的人、思想家、祭司、钻牛角尖儿的人，不懂得这种真正的自由。对他而言，自由这个词是个问题，就像一切现实那样。不过，这只不过揭示了他生存的反常。

54

"灵魂"是一部历史，是形式上的激动，所谓的"个性"。具有个性的有个人、民族、阶层、文化以及历史性的人。所有的一切都是关于地域、延续、速度、种类的灵魂史潮流。

历史本身（"公共的"历史，世界史）只不过是对这种"隐秘"历史可见、可感、可体验的表达。灵魂史与世界史的关系，就如同意愿与行动、描画的渴望与描画、愤怒与击打。

55

不过，在这个灵魂涌现的历史中，何时出现了距离感？种族的动物身上有这种感觉，不过是一种归属的本能。不过，在人身上这最终成为一种意识，成为一种领悟，因此，具有极其深刻的效果。

在所有高等文化中它是古老的。但是，在何时兴起呢？专断、威严意识的优异类型，今时今日被看作社会和精神上的卓越——并得到模仿。不过，文化几乎和距离（Distanz）没有两样。它属于少数人（paucorum hominum）。大多数人必须为少数人的目标（在政治、宗教、艺术中）劳作，否则什么都不会产生。

56

没有结束具有活力的兴趣和激情的理念，都变成了文学。基督教之所以出现，是因为它是穷人、群氓、外姓人（rassenfremd）的旌旗，同样，路德教也是农人、行会、城市、王侯的武器。类似的还有1789年的理念、马克思的理念。

精神（Geist）在历史中不起任何作用，重要的是欲念（Triebe）。

57

历史描绘的是人心（拿破仑）。与之相对，思想——包括永恒的思想——在所有世纪都不同。某个宗教或某个思想家称之为人和历史之意义、使命的东西，仅仅是他的时代品味。

作为世界意义的人！多么自负！这个弱不禁风的造物呦，五千年来，他都拥有"精神"，继而因此毁灭！与植物、石头、云朵一样，人也是世界的一部分、一个元素。他有自大的感觉，是可以理解的。每只狗和青蛙都会这么做，它们眼中的世界都以自己为中心。这是一种未开化的偏见。成熟之人的洞见是，他的种类在世界上是多么偶然、多么多余。

58

萌芽、成熟、专断精神的时代。因此，无意识和预感、忧郁的战栗和恐惧、聒噪之胜利与悄然之反感的狂欢无以复加。

"人类史"根本上是精神的悲喜剧。精神将人牢牢拴在起因和目的的橹舰上：拂晓时分，妙不可言，俊美孩童的激动，精神的游戏；继而，烈日灼心，热风肆虐；最后，葬身在"成就"的沙丘之下。

59

导引　从这种观察历史的方式可以得出，精神及其苦思冥想的结果在其中没有任何位置。对于实践，这些结果足够重要，不过，其重要性并不取决于它们正确与否。任何情形下，它们改变的只是事件的外在形式，而非其更为深刻的意义。倘若布鲁图斯的匕首刺偏，那么，历史会是另一副模样。如果世上没有牛顿，则并不会有什么不同。

60

寓于历史中的伟大，在于种族、民族、家庭、阶层、个人等强有力的激情。他们的代价——血流成河、烧毁城市、废墟——并不昂贵。只有当乏味的理性溢出都市，就像肮脏的洪水，裹挟着诸如人性、和平或者以多数人的幸福（舒适、惬意、面包、啤酒）来满足群氓的追求，这时，一股无法估量的无聊降临世界，迫使富有激情的人遁入地球的其他部分，成为罪犯，或者自杀。——甚或将整个世界夷为废墟。

61

人类历史思想最原始的形式，是亚特兰蒂斯和卡什的宗教-历法的确立。直至英雄文化，其所思方才伟大，真正历史思维的起源是荣耀。著名、不被遗忘、在历史中长存。以名字和行动的形象长存，以神话的方式，以英雄传说的方式，它严格区别于早期传说（如《吉尔伽美什史诗》），指的是现实的人格。"历史撰述"的最古老形式就是英雄诗歌。吟游诗人是纪事家的早期形式：针对历史，需要作诗。因此，高级的历史撰述一直保留着英雄诗歌的某种东西。世界史是关于伊卡洛斯式的人之幸福和终结的伟大传说。

62

在 C 阶段还可以有很长的气数——一个世纪并不意味着多

久。直至 D 阶段，一个世纪方才意味着太久。

因而，才有了对倏忽即逝的时间的知识，对死亡的恐惧，才有了抓紧时间的需要，日历表现了对此世短暂之恐惧，才有了历史感觉，年代学——将事件作为某种易逝、丧失的东西记录下来。历史感，是匆匆一世面向悲剧结局（Katastrophe）的表达。

63

何谓文化？依据各自人格的轻重，人们所理解的文化差别巨大：可以是从弓箭到电话的生活物品的总和——是对博物馆藏品的抽象。我眼中的文化，是历史性的事件，唯一的，不可挽回的，某个本质的命运在此事件中得以实现和完成，某个灵魂的历史。文化不是存在（ist），而是发生（geschieht），在人身上并通过人——表现文化的元素——得以完成。

64

反对文化圈　　如果说史前史的划分方式——因为它是唯物主义的——是肤浅的，那么，出于另一种理由，文化圈（Kulturkreise）学说的人种学（ethnographisch）方式亦如此，因为它缺乏对于时代深刻性的直觉。人们会在任何地方发现"较早"或者"较晚"的文化迁移层次，但是这还不意味着"旧"和"新"。没有一个衡量距离大小的标准。

如果公元 1900 年在波利尼西亚有些"旧"的话，如果这些岛屿直至晚近才得到开拓，那么，1600 年就算是太古了。但是这对于日本而言，还太年轻；而对于同巴比伦的关系，则缺乏一个足够的值。实际上，马达加斯加直至公元 600 年才得到马来人的开拓。

可以清楚的是，文化圈概念缺乏速度和延续等理念。它将原始时期和当下等同于今天和昨天，就仿佛人们想要用阿尔卑斯山的形成来对比一座小沙丘的形成。比如，据说弓在波利尼西亚证明了层级，但是，组合起来的弓在旧石器时代晚期的西班牙就已经作为武器出现，大约为公元前 5000 年。因此，波利尼西亚的弓的形式并不是多么古老，而是倏忽即逝。

65

对立的灵魂　斗争，即作为斗争的文化，在这个二元性中找到其象征性的表达。在埃及和巴比伦——这里更多的是混合而非征服——这个对立并不那么强烈。两种元素形成了"农民阶层"和"社会"。相反，在北方文化中则忒为明显：下等灵魂（Unterseele）和上等灵魂（Oberseele）。

值得注意：对立的灵魂并不与农民阶层一致，上等灵魂也不与社会相一致。相反，只要关涉胜利，无论任何地方，都会形成一个对立灵魂的场所：斯巴达—罗马，或者，佛罗伦萨—巴黎。胜利的灵魂将对立的灵魂塑造成其对极。

66

事件的因素　作为有机体的文化。将主题限制在 C 和 D 文化。拒绝新石器时代、青铜器时代等划分，拒绝文化圈学说。

关于延续至今天的 C 文化的概貌（此外，还有其余仍驻足于 A 和 B 文化的人类，比如大洲南部尽头）。在这里先不用描述这类 C 文化的灵魂，而只是时间、地域、外部形式。它们仍身处古代世界的原始变体之中，处于赤道以北，形成一个群体。

变体（Amoben）的群体，植物的群体。来自生物学的对比：

极少的事物具有生活的原始形式，深度上总是同一些。只有一种"生命"。

我为何以公元前5000年为开端。C和D文化的类型、命运、数量、前文化、地域、时间等。关于文化植被的临时性全貌，"世界史"是其上层，"人种学"是其下层，"史前史"是其腐殖质。专业学科便是如此划分。

主要和次要变体，具有诸多内核的原生质。命名、词汇、语法、形式、目标。卡普萨的感性和象征，梭鲁特的存在与行动，卡什的抽象。

67

反对文化圈和史前史　对文化做整体解释时，关键是，最终摆脱上个世纪的遗产，它仍然主宰着当今的所有体系，比如以材料和工具，而不是以灵魂为目的的癖好，将产物视作合乎现代-智性癖好的产物，而不是感同身受地去理解。原始时代的历史对于现代的脑筋而言，是技术史，"青铜器时代"这个概念就像是"蒸汽机时代"。倘若人们由字面深入到思想根基，就会发现，文化圈学说（参弗罗贝纽斯！）的观点只不过是：技术手段——弓、陶、农业——决定"诸民族"的特征。

68

新概念　存在某种我想称之为史前史传统的东西。它是一种被证明是高于所有成熟文化，并对它们有吸引力的力量。这一传统来自C文化，它们构成了所有高级文化的基础（农民阶层、"民族"、"国土"），这些高级文化在此基础之上或凌驾于这一基础，仅仅建造了它们的城市。不可缺少的是永恒的运动趋势。如果存在——比如突尼斯朝着莫尔费塔、克里特、卡里亚、伊特鲁里亚、撒丁岛、西班牙等运动的趋势，那么，迦太基人的才智就远不如它。

因此，这个传统后继有人。所有高级文化都在此继承了某种原始的遗产。比如，在踏上陶器时期的迪米尼之路时，波斯国王类似于早前的萨尔贡。另一个趋势是，在某个方向（表述方向）发展表述语言：神话、石器、城邦。

69

使用石器和金属阶段的唯物主义划分的一个结果是，人们列出完整的工具形式列表，将所有国家归入其中。一旦在某地未发现某物，那么，西班牙就没有新石器时期，于是，人们认为，某个时期的人口是向外迁徙。然而，实际上从未存在过属人的文化，存在的只不过是个体形式的诸种个别文化，因此，也始终是独特发展。比如，卡普萨是亚特兰蒂斯外部表现的一部分，它与西班牙铜器时代一道构成了有机整体。

因此，依据物质划分的阶段顺序消解为有机文化的时间顺序，也就是说，不同水平的未开化文化。不过，类似于所有的属人事物，未开化程度主要取决于人，而不是时间。早在"旧石器时期"就可以明显看到未开化程度较高和较低的地区，而到了陶器时期，层次高低的差别已经十分巨大。

70

将文化本身和高等文化区别开的，是人的伟大性，灵魂的高度和深度，它因意愿和苦难而成长，直至英雄出现的世界史的太阳高度。伟大的文化是其战争，接连的胜利，直至晚霞初现，继而，目睹战场上可怕的徒劳。

71

"新石器时代"特别引人注目的不是石器，而是陶器，因为保存下来的陶器数量最为可观。这个纯粹偶然的情形带来的结果是，人们干脆从外形上根据器物的形式和纹饰来划分，尽管二者所具有的意义完全不同。虽则如此，这些特征——部分程度上——导向了正确道路，但是仅仅是偶然。

器物形式是生活状况的形式，也就是说，是体态、种族、活动风格、姿态等的形式。因此，它们与武器、器物、坟墓、屋舍、衣物等的形式是一致的，这是广义上的习俗。相反，器物纹饰是世界感觉的表达，是宗教的一部分，是崇拜、神话、礼拜、装饰等的一部分。器物形式、种族形式、风俗形式，也可以推断出政治结构：家庭、部落、氏族等的结构。遗失的艺术也属于器物纹饰的一部分，比如舞蹈、歌唱。定居形式。

72

人们究竟是否可以以学术性的科学方式描述形而上学？无疑，它寓于伟大艺术作品之中，比如建筑、音乐、绘画以及戏剧。此外，也寓于伟大历史的撰述中。因为，历史撰述是塑造、创造，是最高意义上的作诗。只有通过历史性的，而非系统性的描述，才可以传达艺术之外、世界与人心中蕴藏的奥秘。

73

20 世纪"心理学"研究中真正巨大的任务：紧迫的并不是任

何心理学（克拉格斯），而是人类灵魂的历史及其形成、发展、衰落的历史，以及它是如何将痛苦层层积累。因为，不同于动物，属人的苦难——因为它是内在的并且超逾当下和躯体——会上升到无限。人是灵魂上受难的动物。这是他的深刻和伟大之所在。因此，人的世界史是一出悲剧。因为，他所表达的一切、他的整个文化、他的意愿和斗争，艺术、宗教、国家、战争等，都出自于灵魂的在世苦难。

74

正如人们对哲学这个词的感觉，而不愿或者不能去定义它，那么，究竟何谓哲学？哲学不是科学——即便如在面相学对世界史的直观那里，以知识为前提——而是深刻，对无法言说之物的预知。不是批判性的才智，而是远离俗世的直观和恐惧，是对无法解开的谜团的敬畏。令人不安的智慧，同一瞬间获知时的最后战栗。

75

思想家思考什么、如何思考，这是个问题。不过，更为重要的是，他为何恰恰以这种方式思考。倘若除去他的思想中一切受思维的语言和语汇束缚的局限（比如判断）以及对他人的重复——因为他不可能摆脱他在学说、学院、环境、学科上老师的图式，那么，留下来的只有他的个性，倘若它还表现在思想中的话。哲学式的言说（比如讲授）是危险的。更为危险的是，成文的、受文字束缚的哲学、书本、体系。人们在深刻的瞬间真正思考的东西，永远无法不走样地变成一系列语言表达的语句。无法在字里行间阅读的人，常常体会不到决定性的东西。

76

叔本华带来的转折，19 世纪。尽管他对康德半心半意。作为表象的世界，这是新意所在。尼采之所以反对叔本华的独特的批判性洞见，是因为作为教士的他，亟需未来理想（Zukunftsideale）：超人、往复。但他本人并不信这些。

77

具有唯物主义观、热心达尔文主义的石器时代理论、偏执于庸俗进步论的 19 世纪，根据发掘的材料——这是思想平庸的特征——制定出一个图表。据说它适用于"人类"，并且现在可以根据形式和材料，把所有挖掘到的东西归类。我们要做的是，放弃这种思考方式：不存在"进步"，不存在人类发展的各阶段。存在过的只有文化，它们是有机的，受地域和时间的局限，有各自的言说语言。如果某个国度"缺失"这样的"阶段"，这并不意味着缺失的是人，而是，某文化——这个并非普遍人类的阶段并不是该文化表达的一部分——并未触及这个国度。没有"缺口"。

针对这个文化循环说，值得反驳的是，它对延续和速度的理解不足。可想而知，在今天的状态下，古老和年轻的形式共同存在，但是，其适用性只是相对的，适用于这些民族，却不适用于历史。在澳大利亚和波利尼西亚谈"原始文化"——而对它们的开拓直至公元 1000 年之后方才开始——只不过是胡闹。这个学派基于活生生的当下观察，从最古老和最深刻的阶层所得出的一切东西，以埃及和巴比伦历史所教诲的东西来衡量，只不过是最年轻的形式。一者仅为几个世纪，而另一者则为几千年。

78

西方文化是最缺少阳光的。这些冬日般的都市、这些受冻的人们、饥饿且寒冷的困境、漫长冬夜的世界观、阴森小屋的思考、幽闭屋舍中的生存——这一切使得浮士德式文化风格同其他文化与众不同。

79

需要填补《西方的没落》的一个遗漏：普遍-人性的东西。地表上之"人"这个现象。永恒-原始人性的东西：本能、爱、饥饿、恐惧、战争、仇恨。"生命"是这个星球上的原始现象。生命自身之内的意义。作为地球命运瞬间的"非历史的"人。不过，寓于这一事件内部，高等文化的奇迹。需要明确的是，这个奇迹是如何从永恒-未开化中凸现出来，但随后又与之相类似。就像最高等的文化象征中只存在一种原始人性的升华，在科学中也存在原始恐惧。

类似于上述反思，世界图景的机械化，也只是插曲。接下来是作为整体的文化群组，它们的关系，中间阶段。这个本身没有发展、仅仅表现少许个别发展的非有机混合物的结构。

"生命"是万能的原始实事（Urtatsache）。其他一切，比如文化、认知、爱、恨，都只是生命表达的诸种方式。"我思故我在"（Cogito ergo sum）是荒唐言。

80

完全改变了图景的原始时期微少的人数。日耳曼人在塔西陀的时代有二百三十万人口，相对于原始时期，已经是无法估量的。也许当时的人数在一万人。如果最后的文化凋谢了，这个数字在未来是怎样的？再次锐减到微不足道的程度？

作为巴比伦文化中最强大的统治者之一，古地亚国王（约公元前2340年）骄傲地给出的臣民人数是二十万六千人。乌鲁卡基纳治下仅有三万六千人。古代埃及、中国以及印度文化的人数一定也同样如此。后来文化的人数已经完全不同，在敌对的未开化民族亦如此。一切都在改变。一旦人们有了邻国而非无边无际的原野，人们的世界感觉就会两样。战争、作为武器的才智、有必要对付他人的武器本身、针对物理、精神以及技术优势的竞争——以便自保。人们必须自我超越。一万年以来，人一直处于这种视角下。因此，与过去相比，人们可以发现一切条件、处境、使命、看法以及（对其他人、自然、变得愈发稀少的动物的）印象，发生了急剧改变。直至高等文化闪电般出现。请联想因近代西方的出现而悲剧性毁灭的玛雅。最初，人们对于其他偶尔看到的人并无感觉。但是，一旦他们成为"邻居"，敌友的原始对立、仇恨、条约等意识便觉醒。法权的起源？

81

"历史中的大人物"，几乎是某个阶段。人们没有思考，它的意义和现实没有丝毫关系，而且，偶然在这里决定了，某个时代的大人物是否可以矗立潮头——其前提是一系列完全不可能的偶然，此外，那是个伟大时代；偶然还决定了，他们是否只是参与者或者完全无法施展才能，甚至只是为自己而活，而很少人或者不重要的人借用他们的名字来冠名某个实事。倘若有伟大的环境，首屈一指者就会占据自己的位置，倘若没有，即便最伟大者也找不到自己的位置。因此，伟人是不同于世界史人物的概念。

82

天才，偶然　　需要区分的是，究竟是某个人物（如汉尼拔或恺撒）的大名才最为著名——他赋予某个时代以个人本质的形象，还是仅仅因为时代缺乏大人物，某个丹东或者罗伯斯庇尔将一个偶然的名字印在了某个无名事件之上，人物本身是被推动者而非推动者。

在推动世界的人物中间，仅有很少的天才，仅有少量天才推动了世界，大多数人并不那么重要，是偶然将他们摆到某个位置。即便恺撒和拿破仑也只是因为偶然而获得一席之地——多少天才由于消极的偶然而未能施展呦！世界史的决断很少是由两个微不足道的人物（比如亚克兴之役中的屋大维和安东尼）做出的。阿拉伯文化的假结晶、整合的西方（由于缺少奥古斯都那样的能量）的命运、最高权力的形式，这里的一切都是中人（mittelmäßige Leute）之间的偶然，而像苏拉和恺撒这样的大人物后续影响已经很少。不过，另一方面则是汉尼拔！罗马仅仅经过他而变得伟大。又是继任者的无足轻重！

83

神话（Mythus）与历史（Geschichte）　　神话是原初的。未开化的人及其子嗣的感受是非历史的（ahistorisch）。对他们而言，过往是不那么面向未来的图景，它在紧接着当下之后结束，绝不提供不一样的东西。即便近代无神论者的看法本质上也是神话式的，虽然个别开阔的视野已经突破了这幅图景。请注意当今的《圣经》史画作的服饰（乌德［Uhde］当然是个谎言）。任何人都无法完全凭空捏造。即使我们在解释古人、悲剧以及艺术灵魂时，也是十分"当下的"。请联系我们对希腊化时期造型艺术的判断。尽管如此，历史感以动力-透视性的方式，是不断增长的浮士德式灵魂元素的一部分。其中一次精神上的震动是在 1500 年，1800 年是另一次。今天达到了最大程度：请看整个次等世界史的影响！该程度很快就会下降。

祖先崇拜具有某种神秘性，它仅考虑的是留存的事物。古代历史思想家（修昔底德）是静态的，以神话为边界，一切都是并且将是过去曾是的那样。作为普遍发展的历史，是浮士德式的假设。古代人物传记是对轶事的静态汇总，而浮士德式的人物传记则是一种只用轶事来证实的发展。因此，请区分历史图景纯粹的维度（规模）和功能性的不确定性。

84

神话与历史（Historie）　西方文明观需要一个具有展望几千年维度——尽管模糊不清——的"人类未来"视野，不管纯粹作为整体的开端（无论是荷马的或《圣经》的）对我们而言有多么难堪。古希腊人可能永远都不会有这样的概念。

两种强有力的终极观是可能的，从而被提出：一种最终可以企及的理想状态，或者一种向未知的可能性无限进步的发展。认为当下状态可以被另一种（亦即可能的）替代，便是古代的，即静态的。怀疑论者将这种（即我们"无限的"）概念视作形式或象征。

85

在这里应细致研究迈尔（E. Meyer）第一卷（第一章第二节）关于三大印度日耳曼文化精神普遍的亲缘性，比如世界思维、诸神等，以及三大南方文化：埃及、巴比伦、阿拉伯。然后，高等文化与史前史（冰河期、石器时代）的关系，它们的群组，及其作为地表短暂现象的命运。原始语言、原始宗教、原始风俗，以及所有高等文化总的起源学前提等诸多细节问题。

比如，在阿拉伯原始思维中，总是出现天父、地母、世界存在的一元论、理念的万有性。相反，在其他三种文化中则是死的材料与活的能量的对立、二元论、地域上的局限，作为世界之对立的诸神，人是被塑造而非生育而来的，等等。

只有从原始时期这种共性，才可以得出古代、西方、印度独特发展的伟大象征。于是，先是从印度日耳曼世界思维，得出吠陀、阿波罗、浮士德式的神话，然后是物理学：静力学、动力学。从非闪族思维中得出：埃及、阿拉伯、巴比伦神话。

86

天才与个人命运　普遍与个人命运的区别和冲突：比如，很大程度上以哲学方式表现了 1880 年这个时期的尼采。比如，伊壁鸠鲁。能替代他的，还可以是某个莱布尼茨，即哲学式的蒙森（Mommsen），淡定、冷漠，在所有领域上无限量的博学，有一长排基础性的大部头作品。这也是残酷、业余、永远自我折磨的人，是没有塑造力的艺术家。或者一些具有某个代表性的大人物（如埃斯库罗斯、索福克勒斯、莎士比亚）或许多小人物的艺术时期。

历史中的"起因"　法兰西大革命可以"追溯至"社会处境的"状况"，宗教改革甚至可以"追溯至"经济环境。这就叫作在错误地点搞物理。人们把由某事可以得出某事，与某事来自某事搞混了。将纯粹的有机发展与因果关系搞混了。否则，必然适用的是这样的规则：因为状况如此，所以，必然有了这样的革命。在自然科学中，起因是效果的一部分。在史学中，某个实事有数不尽的起因作为先导。需要呈现的有物理学，而且任何时候都相同的主题，比如经济。

87

天才：古代思想并没有这个概念。古人的本质——关于某个人的印象，基于某个概念、如此拒人于千里之外——中也无此概念。不过，西方有两个关于天才的概念。其中之一是浮士德式的。根据这一感觉，只有为数不多的纯粹浮士德式的天性，比如但丁、米开朗琪罗、莎士比亚、歌德、贝多芬、拿破仑。所谓的"天才"，即趋向无限性、太空、离弃身体的蓬勃动力。不求效果的纯粹进取，就已经是"天才的"——让·保罗。

另一个是施虐式的 homme de genie［才子］概念，是具有思想、文雅、自由的大多数人，如伏尔泰、拉罗什富科。

88

命运，天才　该词的多重意义：

1. 作为最高程度的浮士德式理念的天才。因此，不是古代的天才。

2. 不过，天才作为某个文化内部原初人性的直接性。也就是说，每个人皆有能力达到的天才时刻（最激动的时刻）：愤怒、爱、激情，即"精神"败于活力的时候，或者，人们称为预言家、诗人、画家的时候，或者即便常人也可以说出高于自己智性水平的话时。从哥特风格至文明时期，天才愈发稀罕、愈发虚弱：但丁—歌德—瓦格纳。只有在男子汉、都市人那里，而且是极高程度上，才可以形成"不朽"，因为在这里起决定性的，是纯粹的时刻（可能性）和产出（现实性）之间的区别。那些具有激情性天才时刻的人，只不过是潜在性的。

3．最后，天才和命运。此二者是极其罕见的时刻，这时，天才可能性真正成为划时代的现实。比如，歌德本来可能成为外交官，拿破仑可能成为记者。——这样，他们的"天才"就不会成为划时代的。

89

命运，偶然，天才　我的看法是，一切产生的事物——政制、宗教、绘画、历书、工业、军事形式等，依然是某种灵魂存在方式的表达。无论在莎士比亚戏剧构思，还是拿破仑战役中表露出来的形式本能，都是同一种。探究自然图景的精神（如歌德），或者以无数的附注来反映某种形式，或者为了领导一个国家而探究某种政治图景的精神，都是同一种。无论是设计蒸汽机或者构思一部交响乐，你们所做的是同样的事。

请以正在成长的人为例，即孩子——无论他对此类事物有能力或者无能力。在后一种情况下，无论命运将他抛向哪个方向，都无所谓。我们观察过上千位无能力的国王、将军、诗人。在第一种情况下，关键是，内在的可能性以何种现实形式，以时代的何种现实可能性进行自我教化。在最为糟糕的情况下，毫无形式——我认为，大多数情形都是这样。铺张的自然呦。只需看看所有植物或者动物的萌芽的命运。康德作为固执的税务官，他纠结的专横令他的领导大为恼火；作为疯狂教员和酒鬼的贝多芬；作为神父的腓特烈大王；作为放高利贷者的拿破仑……

90

命运，偶然，天才　我在每个瞬间都可以看到一些人，他们本可以成为伟人。作为一种可能，天才几乎寓于每个人身上。我认为，在歌德、康德、拿破仑时代的欧洲，曾有着成千上万个天才，他们或能够成为诗人，或思想家，或首屈一指的实干家。命运拣选了一些人，令他们的个人方式成为时代的形式。德意志文学就是歌德。可以以他为例，想想有一个或者几个名人的时期，比如19世纪则是另一副样子。拿破仑10岁的时候，并不是他那个时代首要的政治家。肯定不是。偶然使他超拔出来，令他的天才特征发挥成极端的现实，发挥成"伟人"这个历史事实。因此，这使成千上万的其他人相形见绌，他们很大一部分人永远不会知道，在其他情形下自己会成为什么样的人。拿破仑20岁的时候，也预想不到自己伟大的未来。直至事后，他以及其他人才谈论此事。尼采25岁时也不知道自己会成为他那个时代的哲人。它降临到他头上。他的某些天赋足够成熟，变成了切实的现实。我想，莎士比亚十分有可能是英国的海军上将，或者某个乡下卑鄙的饶舌者。

人们谈论天生的伟人，并且相信，他们将会凭借自己的思想干出一番事业，这只不过是因果律的妄想。并不是伟人造时势，也不是时势造伟人，这种想法都是因果性的。我可以十分肯定地设想，拿破仑是巴黎的某个银行家，他1820年前后的那段历史让人感到可疑——军官、投机分子、奸商。我可以设想，歌德是法兰克福市长，被人一致认为是个有思想的人、即兴诗人，并且由于好美色而受人嘲笑。将会错过多少呦，他也不会写《铁手葛茨》和《少年维特之烦恼》！只需要再欠缺些推动，没有赫尔德，而是某个亲王，那么，他就完全不会想到将自己的即兴诗变成某种严肃的东西。

91

历史绪论　一切文化的巨大代价。没有"永恒真理"，没有不朽的艺术。生成的纪事是死亡的。古代是死亡的。我们称为古代的继续（我们身上，"遗产"）的，是对某个彻底的过去之有计划的误解的历史，由此，它会变成我们自己象征的面具和素材。

空间、因果关系、体系、自然法则、思维的必然性——理智及其第二自我（alter ego），以及作为自然的世界的呆板形式。如今，就人不仅仅是理智而言，他也必然是"超自然的"。倘若世界是想象，那么，一旦想象这个词不再指称状态，自然法则就被扬弃。历史作为永恒的超自然、奇迹（比如伟大的思想、恍悟）。奇迹就是浮士德的观念。

在这里关键的是伟大人物，而非才智。奇迹的范围包括历史、宗教、伦理、艺术等。这里不存在因果关系和自然法则。奇迹是偶然性的。所有伟大人物都是偶然：历史表现为个人命运的面相学。

92

"偶然"　1795 年 9 月 15 日，拿破仑要求组织土耳其炮兵前往东方的申请得到允许。然而，就在同一天，中央委员会由于他不服从命令而将他从军官名单上撤下。三个星期之后，他成为卫戍司令。

93

关于历史最为深刻的语句，在《哈姆雷特》中，即在伶人的场次①。历史是"时代的身体",而戏剧则应该表现其形象的复写。

94

没有任何地域可以第二次成为一种文化的母亲。世界——我们对发挥创造影响的地球表面,即自然的称呼——的化身,与另一个可感的世界,即文化单位,两者的关系中蕴藏着深刻意义。文化是子嗣,它的诞生便是母亲的死亡。

95

关于"意志自由"问题 无法给这个问题找到更为糟糕的名称,这个表达本身就已经包含了旨在阐明的方法论错误。这里的关键是人的对立,即作为自然或历史世界图景之关节的人。如果有人说,我知道意志自由是不可能的,但是我感到自己是自由的,那么,他已经解开了谜团。因为,这里的"自由"总是一个对立概念,该词应该描述的是因果律的无效性。实际上,由于因果关系是智性思维的形式,也就是说,是延展物的逻辑,因此,"人"——无论用这个词指称任何实事(Tatsachen)的综合——是不自由的,只要人们精确对其思考,只要他是"思维的对象"、某概念的第二自我。一旦图画在直觉上发生了改变,就会摆脱因果性的色彩。因果形式对于生成的内在确定性而言是陌生的。命运是另一种方式的逻辑。

---

① [译注]第三幕第二场。

四个文化阶段对比表

四个文化阶段	象征形式	时期	内在形式	残条	人的形成	人格（和"我们"）	等级差别	普遍性	个体的结合
A	性格特征 花岗岩的凝结 将普遍性分为变种	旧石器时期 几千年	多样性	无	头型 种族面相 "表情"的开始，理解头骨，对瞬间理解的加深，关联	普遍上的高等种族 强壮，动物的聪慧 普遍的多数之"我们"，其中包含属己生活	种类的 种族性的 非人格性的	种族性的	直觉 种族
B	教化 结晶 老化 获得对极体系的重点	新石器时期 从两万年前至六七千年前 置身旧石器时期	趋势	边缘区，边缘性（萌芽）	表情，用词和语法 观看和知晓"时间""生命""命运"力量	"爱欲"，类型象征 人性上沉闷 具有特色的联合的"我们"，其中有自我意识	有天赋的阶层 传统，感性 我们型人格 风格，装饰	类型性的	比起神秘更为难以言说 民族部落的特征
C	文化变体 流散 少数地区，其中有上层 种族杂交	新石器时期，铜器 五六千年至三千年前 流淌过新石器时期	发展	地区多样性和下层	适应说话，直至文字和句法 对空间的解释，因果禁忌 守护神	沉静，个性 诸多性格（农人）愈多活波 诸多我之总和基础上的"我们"	个别的天赋 习俗，习惯 个体型人格 个别的艺术，才能	通过自我来表达	神秘性愈发少 诸多民族个性 灵魂
D	高等文化被植死 最为亲密的母性风貌，其中有都市，文化杂交	"世界史" 各一千年 在"永恒的"新石器时期 上成长	爆发	几乎所有	观念的僭政	天才与末众 俗气的精神	形式意志，个性的艺术	束缚于自我	神秘性不可信 诸民族精神

斯宾格勒早期政治哲学

法伦科普夫（J. Farrenkopf）

尽管斯宾格勒在多大程度上可以被视为国家社会主义的先驱或者先行者仍然值得商榷，但是，学者都颇为一致地认为，斯宾格勒是一位激进的反民主思想家。确实，单单提及斯宾格勒的大名，立即就可以让德国政治哲学研读者联想到一股强烈的反民主情绪。毫无疑问，"民主制的激进反对者"这个词可以贴切地用于斯宾格勒成名时期的政治哲学发展阶段，即自 1919 年——围绕其代表作《西方的没落》展开激烈讨论的时刻——直至 1936 年他的早逝。不过，在斯宾格勒政治思想演进的籍籍无名、不那么显要的阶段，即德意志第二帝国在军事上的意外崩溃和 1918 年秋天社会主义革命的爆发——造成整个右翼势力攻击德国的首个民主制度——之前的数年，是怎样一种状况呢？在这些年间，作为无名学者的斯宾格勒，正埋头写作其名著（chef-d'oeuvre），在政治上并不积极。[①] 在成为一个愁苦的人之前，他也充满激情地反对民主制吗？接下来对斯宾格勒思想中这段晦暗

---

① 本文意在探讨斯宾格勒在"一战"期间的政治思想和目标。不幸的是，科克塔内克的权威性传记《斯宾格勒及其时代》对斯宾格勒在威廉帝国期间的选举习惯只字未提。此外，目前还没有 1913 年前的书信。

但重要的阶段——主要依赖斯宾格勒档案馆的私人笔记 ①——的研究，将令人惊讶地揭示：在这段时期，斯宾格勒并不是个激进的反民主制分子。实际上，他以一种怀疑和机会主义的保守态度，支持对第二帝国进行所谓民主化的观点。需要指出的是，斯宾格勒研究学者——包括科克塔内克（A. M. Koktanek）、梅尔略（G. Merlio）、休斯（H. Stuart Hughes）、冯·克伦佩雷尔（K. von Klemperer）、默勒（H. Möller）、施特鲁韦（W. Struve）、费尔肯（D. Felken）——并不赞成这种新观点，因为他们不认为，在斯宾格勒的学术生涯中，他在对待德国民主化的态度上发生了显著的改变。②

---

① 坐落于慕尼黑巴伐利亚国家图书馆的斯宾格勒档案馆，搜集了关于斯宾格勒生平和思想的大量材料。有丰富的档案、照片、素描、各类论文、采访、报章、他人的记述、斯宾格勒本人收寄的书信原件。最初为一部自传（但是从未写作）所记的笔记，以及斯宾格勒妹妹克恩哈特（Hilde Kornhardt）的文章和日记，对于科克塔内克的传记研究是不可或缺的。大量的传记材料得到丰富的学术论文集的补充。斯宾格勒关于形而上学和世界史的不计其数的箴言笔记，在其去世后，经科克塔内克的勤奋研究，分两卷编辑出版，即《最初的问题》（Urfragen. Fragmente aus dem Nachlass, 1965）、《早期的世界史》（Frühzeit der Weltgeschichte. Fragmente aus dem Nachlass, 1966）。更令人感兴趣的是斯宾格勒未发表的政治笔记残篇，包括明显写作于"一战"期间的致德国皇帝和贵族的备忘录残篇，为《决断的岁月》（Jahre der Entscheidung. Erster Teil. Deutschland und die weltgeschichtliche Entwicklung, 1933）计划的续篇所记的笔记，同样，还有未发表的诗歌、未完成的戏剧和叙事诗，以及针对诗歌和视觉艺术问题的漫谈。[译注]斯宾格勒政治笔记残篇已由后人整理出版，参见 O. Spengler, Ich bin kein Prophet. Die Aufzeichnungen „Politica" aus dem Nachlaß Oswald Spengler. hrsg. von G. Merlio, Darmstadt, 2017。

② 参见 A. M. Koktanek, Oswald Spengler in seiner Zeit (Munich, 1968); G. Merlio, Oswald Spengler: Témoin de son temps (Stuttgart, 1982); H. S. Hughes, Oswald Spengler: A Critical Estimate (New York, 1952); K. von Klemperer, Germany's New Conservatism: Its History and Dilemma in the Twentieth Century (Princeton, 1968); H. Möller, Oswald Spengler—Geschichte im Dienste der Zeitkritik, In: hrsg. von P.C. Ludz (Munich, 1980); W. Struve, Elites Against Democracy: Leadership Ideals in Bourgeois Political Thought in Germany, 1890–1933 (Princeton, 1973); D. Felken, Oswald Spengler: Konservativer Denker zwischen Kaiserreich und Diktatur (Munich, 1988)。科克塔内克认为，残篇

支持笔者大胆主张的证明，主要基于对斯宾格勒两篇未完成、自发写作的备忘录，以及他对政治事件的一些相关笔记的详细考察。其中一篇备忘录针对皇帝，另一篇则针对德国贵族[①]，不过，很明显，他从来没有提交。尽管这两篇引人注意的政治文献很不幸未标注日期，但是上下文暗示出，它们大概写作于1914至1917年间。此外，虽然备忘录和笔记本质上是残篇，但是，其转化为文字副本格式（两倍行距）后达65页之多。这篇解读斯宾格勒早期政治哲学的论文中所使用的补充性档案材料，则来自其书信里的相关段落。

斯宾格勒对待魏玛时期之前德国政治生活民主化的态度，既怀疑，又含混。之所以说怀疑，是因为，他对于值得商榷的民主制多方面的缺陷有着敏锐洞察，这个长处远远胜过他的政治思想对以威权方式解决"一战"后统治特征的问题所抱有的不幸热望。之所以说含混，是因为，尽管斯宾格勒哀叹大众民主制政治的崛起，但是，他视这种政治和帝国主义为19和20世纪不可抵抗的历史力量。在憧憬推动威廉二世治下的德国君主制进行重大的民主化方面，他充满希望，这样就可以赋予它权力政治视野上的优点。斯宾格勒对君主制原则的忠诚，在他那个时代仍然十分

的备忘录和相关政治笔记"勾勒的是（斯宾格勒）本质上没有重大变化的政治立场"（A. M. Koktanek, Oswald Spengler in seiner Zeit, S. 182）。梅尔略关于不完整的备忘录和笔记的讨论极其简略。休斯未能使用这些材料，因为很明显，当他在20世纪50年代着手准备其专著时，这些材料还没有公开。因此，他完全没有讨论斯宾格勒在"一战"后岁月的政治思想。克伦佩雷尔和默勒都未能发现斯宾格勒政治哲学发展中的这个阶段——当时，他怀疑和机会主义式地主张保守主义者对第二帝国推行准民主化改革。施特鲁韦在总结斯宾格勒在此时期的政治观念时，只是捎带地提及未完成的备忘录和相关笔记。他断言，"没有迹象表明，斯宾格勒视野的发展中出现过突然的断裂"（W. Struve, Elites Against Democracy, p. 235）。费尔肯认为，斯宾格勒的政治思想在威廉帝国、魏玛民国以及纳粹时期是连贯性的。

① 斯宾格勒最终被赐予机会，于1924年在布雷斯劳的德国贵族年会上致辞。

典型，这与支持对第二帝国进行部分程度上的民主化方案并不冲突。尽管德国的君主制政府不得不对谨慎的批判进行让步，而且众多政治家要求它进行民主改革，但是，威廉二世统治期间，没有任何政党积极地反对君主立宪。仅有社会民主党忠诚于共和制政府的正式方案。①

为恰当理解斯宾格勒早期政治哲学，需要承认的是这位历史悲观主义者对于现代世界的含混态度。他对于历史的史学主张和他对德国权力政治传统尝试做出的贡献——该传统建议接受世界本来的样子，并且将成功视为首要之事——诱使他去刻画没落的进程，他从根本上无法和解的视角使之概念化。因此，在《西方的没落》揭示的现代图景里呈现出两幅不同的斯宾格勒面相：一个直面的是怀旧的、浪漫的、农业的保守分子，钟情于文化改良和传统社会习俗的他，为西方文化的日薄西山而感到惋惜；另一个则是果断的现代主义者和受尼采"权力意志"号角号召所鼓舞的坚定的现实政治家（Realpolitiker），他作为历史决定论者，乐意于接受西方文化的没落。因为，它预示了那个全然致力于令人陶醉的文明使命——科技、国际经济、全球帝国主义政治——的提坦时代的黎明和朝霞。在这个时代里，西方过剩的浮士德式力量被迫服务于其最终的国际-政治制度，即日耳曼帝国（Imperium Germanum）。《西方的没落》这一引人注目的题目，在读者心中自然而然激发起令人沮丧的没落观，对这一观念的关注并不会阻止读者抓住斯宾格勒现代主义视野平衡性的积极品质。斯宾格勒同时也是一位多愁善感的唯美论者、怀旧的农业保守分子，以及果决的现代主义者和权力意志的崇拜者。正如我们将看到的，"一战"期间的斯宾格勒在其政治思想中——对他而言，成功是健全政治的终极裁决者——完全压制了他自己对保守民主化

---

① W. H. Kaufmann, Monarchism in the Weimar Republic (New York, 1973), p. 14.

和狂热帝国主义的"向前看"的战略，及其所持有的怀旧和保守的态度。他沉思性的文化绝望感，屈从于一种对于高涨的权力－政治乐观主义和全球帝国主义的命运之爱（amor fati）。

不过，类似于思辨历史哲学的德国传统大家（如黑格尔和马克思），斯宾格勒以不同的方式成为历史决定论者。对斯宾格勒政治哲学具有基础性意义的，是其很大程度上属决定论的历史哲学。这种哲学赋予历史活动中的自由运动极小空间，设想的历史"不受任何理念和希望支配地"向前发展。"存在一种历史逻辑，那就是必然。"历史沉着地"向前迈进"，丝毫不在乎政治行动者的观念。[1]

在某种政治类型学里，人们可以毫不犹豫地将斯宾格勒划入新保守主义者这个大类。他早期的保守主义还缺乏反动特征。它是复杂、灵活和具有适应能力的，而且努力使保守志向适应他眼中不可抗拒的历史事件进程。（《笔记》，"Aufruf: Konservatismus"，#79-4）通过将自由主义归入教条，将社会主义归入意识形态，斯宾格勒袒露了自己的信念，即德国保守主义必须将自身从"地方主义"中解放出来（《笔记》，"Aufruf: Konservatismus"，#79-4），并且尤其应该学会变得实际。保守主义的纲领已经"僵死"，因此必须得到彻底的革新。（《笔记》，"Aufruf: Konservatismus"，#79-4）保守主义的政客和政治家，必须"以完美的专业知识"利用好"最为现代的方式"，以达到可行的目的，而不是徒劳地花费气力去服务陈旧、浪漫的保守理想。（《笔记》，"Das politische Buch"，#79-6）保守主义必须适应对大众进行政治动员的新现实，自1890年之后，这种政治动员业已在威廉德国兴起。[2]此外，

---

[1]　Politica, "Aufruf: Konservatismus"，#79-4, Spengler Archives.［译注］下文简称《笔记》，改为随文注释。

[2]　G. A. Ritter, Die deutschen Parteien 1830–1914: Parteien und Gesellschaft im konstitutionellen Regierungssystem (Göttingen, 1985), S. 23.

斯宾格勒也主张利用德国两大主要政治运动理念和提议的策略，此二者正是农业性的、保守的同时代人强烈反对的：自由主义和社会主义。

> 如我所希望的那样，聪明的保守主义者要毫不犹豫地利用自由主义和社会主义的手段，利用在他看来行之有效的要素。(《笔记》，#79-5)

斯宾格勒建议保守主义者应该抛弃他们对德国的议会制观念的对抗态度，相反，应该掌握后者的惯例和习惯。一个明智的保守主义者

> 既不应该像愚蠢的保守主义者那样，将议会制视为古老理想的敌人，也不应该像幼稚的自由主义者，视其为绝美的理想。相反，应该仅仅视其为现代政治生活的工具，像研究一台机器一样研究它，不带任何偏见、以精湛的技巧摆弄它。(《笔记》，"Das politische Buch"，#79-6)

斯宾格勒觉察并接受的事实是，通过损害一个人的原则来践行这个适应变化中的历史环境的机敏策略，并且娴熟地运用最为现代的政治实践方法，他的保守主义价值最终也被无情的历史进程摧毁。

> 成为某个人政治理想的拥护者还不够。他还必须有能力放弃并反对它们，倘若发现它们不可能实现的话。……我们——不幸——生活在 20 世纪。(《笔记》，"Denkschrift"，#79-7)

在这个充斥大众政治，并充满急速、必然、历史性改变的时代，20世纪的政治家必定会满足于实现微乎其微的理想。

> 一个党派倘若在其存在期间可以实现其理想的百分之十，就已经走了大运，即便为了达到目的，所牺牲的部分得占百分之五十。（《笔记》，#79-8）

普鲁士地主贵族形成了19世纪德国保守主义的支柱。斯宾格勒劝说德国保守主义者，在世界政治（Weltpolitik）的时代必须自我更新，这种政治取代的是德法战争胜利后多年来俾斯麦谨慎的、以欧陆为导向的对外政策。倘若容克还想在国家的未来扮演主要的建构性角色，他们就必须通过广泛积累经验，以务实的世界主义替代其地方主义。他敦促贵族家长，

> 把你们的孩子送到大型国际公司，送到舰队，送到殖民地吧！告诉他们，他们的战场不再是军团和区县议会，而是战舰、种植园以及全世界的铁路。教育（Züchtet）你们的后代吧！（《笔记》，"Denkschrift II"，#79-15）

他希望看到一个真正优秀的普鲁士上院（Prussian Upper House），"在那里，没有一个人是一出生就占有席位的"。（《笔记》，"Denkschrift II"，#79-15）

斯宾格勒之所以支持某些民主制理念，并不是出于对它们的信念，而是将其作为权宜之计。斯宾格勒想要使民主力量的主要愿望适应威廉二世德国的意图当然不应被误解为，这隐约地表明了自柏拉图和亚里士多德以降西方政治思想中的传统规范性探寻，即令政治社会追求更高价值的最佳安排。实际上，斯宾格勒对保守主义的民主改革兴趣，仅仅出于对现实政治的考量。与

德国权力政治传统相一致，他相信，国内政治关切必须服从于国家对外关系中的压倒性关切。斯宾格勒虽然忠实于兰克的历史主义信条——对外政治的优先性，但是，他为国内政治功能赋予了一项准社会达尔文主义的、帝国主义的目标。倘若德国帝国主义在大战期间的斗争可以取得胜利，并且战前骄人的经济腾飞可以恢复如初，那么由强大的贵族和市民精英联盟贯彻的帝国主义政策，将会成功地把工人劳动阶级融合进一个保守民主的君主国家。对此，斯宾格勒充满信心。大战的胜利将会大大地解决棘手的社会问题，并且将会大幅提升国家在全体人民眼中的威望。

如弗朗克（L. Frank）对 1911 年德国的观察，"整个市民阶级……实际上都变成了帝国主义者"[①]。新兰克史学思想家，包括伦茨（M. Lenz）、德尔布吕克（H. Delbrück）、欣策（O. Hintze）、翁肯（H. Oncken）、马尔克斯（E. Marks）、韦伯以及梅涅克等，都不无嫉妒地眼瞅着英国对世界各大洋的主宰，及其帝国领地的辽阔幅员。这些市民学者都赞成威廉德国通过强势对外政策，取得与其他世界强国所谓的平等地位。"一战"前的几十年，人们已经目睹，在美西战争和日俄战争中取得胜利之后，美国和日本都跻身日渐重要的帝国主义世界强国行列。作为冒险的世界政治热心拥护者，新兰克史家渴望，在剧烈的帝国主义竞赛时代，将俾斯麦在 1871 年之后竭力支撑的欧洲均势体系，转变成真正的全球性体系。相较于新兰克史家的帝国主义，斯宾格勒的帝国主义更为大胆和激进。他所拥护的，不是改革兰克赞美的传统欧洲均势体系，而是彻底突破。在他雄心勃勃的图式中，威廉德国必须通过一系列剧烈冲突，来打碎全球经济霸权的基础。

---

① D. Stegmann, Die Erben Bismarcks: Parteien und Verbände in der Spätphase des Wilhelminischen Deutschlands (Köln, 1970), S. 113.

> 今时今日，眼前的帝国，不再是作为色当战役结果
> 的大普鲁士，而是世界帝国，是日耳曼帝国（Imperium
> Germanicum）的核心。（《笔记》，"Denkschrift I"，#79-22）

　　之所以坚信德国人有能力克服政治分裂（这是自第二帝国成立至"一战"的悲剧结局期间德国政治的特点），斯宾格勒有两个理由。首先，他高估了"国内和平"（Burgfrieden）的深度和寿命，即从 1914 年 8 月的兴奋中出现的阶级间的团结。考虑到欧洲的情形，他于 1915 年 5 月的一封通信中大胆地声称："德国人是不可动摇的政治单位。"[①]其次，他对于德国成为"一战"绝对胜利者的能力过于自信。尽管施里芬计划（Schlieffen plan）在决定性的马恩河战役中受到干扰性的失败，斯宾格勒仍然在 1914 年 10 月的信里称"我极其乐观"（《书信》，第 29 页，1914 年 10 月 25 日）。1915 年，德国在格尔利采战役的胜利进一步激发了斯宾格勒对德国胜利的信心。在一封致密友、战争期间的主要通信伙伴克勒雷斯（H. Klöres）的信中，斯宾格勒说，德国正在经历一场"通往世界强国之路上的巨大运动，此前只有公元前 300 年至公元前 50 年的罗马人经历过"（《书信》，第 42 页，1915 年 7 月 14 日）。当布列斯特和约（the treaty of Brest-Litovsk）签订之后，斯宾格勒的过分自信再次高涨，当时，他急切地渴望建立"德国对欧陆（越过乌拉尔山）事实上的保护领地"（《书信》，第 97 页，1918 年 5 月 11 日）。

　　战争期间，右翼政党决心阻止社民党的抱负及民主政府和社会改革的工会。他们认为，可以用大陆扩张主义的宏伟计划来欺骗劳工阶级。然而，斯宾格勒所赞成的是一个附加了政治改革的

---

① O. Spengler, Briefe, 1913–1936, hrsg. von A. M. Koktanek (Munich, 1963), S. 37，日期为 1915 年 5 月 24 日。[译注]下文简称《书信》，应用时改为随文注释。

方案。因为，他强烈而且极其乐观地相信，德国军队在帝国主义冒险和大战爆发后几十年间的国际经济竞争中所取得的胜利和成功，将会使革新后的君主立宪制中的贵族和市民阶级的领导地位在大众面前合法化。斯宾格勒毫不怀疑这对第二帝国民主化的促进，

> 具有政治深度和视野的保守主义者，应该准备好接受并从"民主化"中穿行而过。(《笔记》，"Parlament"，#79-10)

虽然人们说服贝特曼–霍尔韦格(Bethmann-Hollweg)，严肃的宪制改革必须延迟到战后，因为，传统的保守力量仍然拥有足够的力量去阻止它，[1] 但是斯宾格勒确信，采取果断举动的时刻已经到来。尽管战争明显侵蚀了皇帝的权力，但是在斯宾格勒看来，这一定会在促进政治改革中发挥关键作用。君主的这种仁慈举动——通过适应可悲的、无法避免的民主化历史趋势——有利于皇帝开明的自我利益。他表达了自己的乐观主义，也许无需理由，他认为，德意志的国家将会保留其保守主义的特征，无论德意志民族的政治生活得到多大程度上的民主化。

> 即便议会制的形式极其民主，它也会被议院里保守的思想框架所抵消。(《笔记》，"Denkschrift"，#79-75)

斯宾格勒认为，大多数德国人已经获得了一种成熟、冷静以及自信的政治取向——不过，在1918年德军溃败和社会主义革命之后，他无疑不再如此相信。[2] 他呼吁君主立即赋予德国一个

---

[1]　H. Holborn, A History of Modern Germany 1840–1945 (Princeton, 1969), p. 466.

[2]　这些重大的事件——发生在斯宾格勒称之为德国"最为耻辱的几个星期"之

保守的民主政治形式，

> 请赋予今日德国一个民主形式，比如一种从来没
> 有过的，由一个极其成熟保守的民族所设想。(《笔记》，
> "Denkschrift III"，#79-24)

当然，斯宾格勒所提倡的并不是对德国政治生活的广泛民主
化，而是进行实在的改革。鉴于他的新保守主义和民族自由主义
态度，他的立场有些不同寻常。正如某个学者所注意到的，战争
期间，保守主义团体"强烈反对向议会制的任何妥协"，而民族
自由党的大多数人也反对议会制改革。①

对于斯宾格勒而言，威廉帝国的部分民主化当然不意味着，
人民可以真正治理自己的事务，

> 从卢梭那里开始，民主理论中就贯穿着一种不诚实的
> 特点：它的支持者们要么对于人民进行统治的组织缄默不
> 语，要么沉溺于空洞的言辞，因为，他们没有勇气承认"自
> 我统治"这个词的乌托邦性质。(《笔记》，#79-57)

斯宾格勒的政治领袖观念，本质上始终是精英主义的。类似
于经济学家、社会学家帕累托，斯宾格勒主张，人民的民主统治
是一个幻觉，统治者仅仅是一小部分精英。②他说："实际上，统
治的人常常只是一小部分有天赋的人。"(《笔记》，"Parlament"，

内——促使他大骂，大多数德国人，无论社会地位如何，证明自身是"一群卑
鄙、无耻的贱民"(《书信》，第 111 页，1918 年 12 月 18 日)。

① 参见 W. H. Kaufmann, Monarchism in the Weimar Republic, p. 35。
② 斯宾格勒"极不可能"研读过帕累托的著作。参见 H. S. Hughes, Oswald Spengler,
p. 52。

#79-29）不过，他的精英主义并非源自这样一种自私愿望，即意图维持政治体中一小部分人的特权，实际上，这位市民思想家欢迎的是"白手起家的人"。他主张在天才和成就基础上有大量向上的社会流动性，因为，这会令一个政治体在工业化、帝国主义强国竞争日趋激烈的时代，更加强大、更有能力践行一种行之有效的对外政策。

斯宾格勒在统治事务上的精英主义，源自他坚信现代治国能力的巨大复杂性和强国竞争的危险性。通过对比古代文化的普遍性和西方欧洲文化的对内排他性（esoteric exclusiveness）——正如他在《西方的没落》中所讨论的那样——他继而阐明了自己的这一立场。他称，相对而言，古代文化形式是每个公民都有可能理解的，而在西方欧洲文化中，"某个事物越是重要、越是纯真、越是深奥，它对于'人们'来说便越是无法理解"（《笔记》，"Parlament"，#79-52）。斯宾格勒重复了兰克关于现代治国能力异常复杂品质的教诲，[1]

> 对于人们来说，当代政治不可理解，尽管它比以往任何时候都要更多地被呈现给人们。这与大众教育、公共财富、新闻报纸等条件是怎样的，毫不相关。政治预设的行家是这样一些人，就智性水平和教育程度而言，千万人中仅有几个可以达到标准。（《笔记》，"Parlament"，#79-52）

尽管如此，不同于韦伯——斯宾格勒于 1920 年 2 月曾在慕尼黑市政厅与之激辩历史哲学，斯宾格勒认为，如何选取领袖是

---

[1]　兰克认为，治国才能的技艺是一个精英身上十分罕见的天赋。这门"困难的技艺，或许是"生活里一切活动中"最为困难的"，参见 L. von Ranke, Politisches Gespräch, hrsg. von H. von Srbik (1836; Leipzig, 1941), S. 58。

现代政治的决定性问题。解决了这个问题，将会强化德国在国际舞台上的地位。

　　　　具有政治家天赋和智识的极少数知识人，同时也是"卓越之人"，这无论如何是可能的。(《笔记》，"Denkschrift"，#79-51)

　　斯宾格勒感兴趣的是探寻种种途经来吸纳社民党的一些提议，该党于 1912 年成为帝国议会中的第一大党，虽然在第二帝国期间一直坚持反对军事、海军、殖民政策，但是它于 1914 年仍然为支持战争贷款投了赞成票。与帝国议会中平日里的反对者达成上下一致的团结，这个划时代的一幕很可能鼓舞了斯宾格勒去接受如下观点：赞成他们进一步融合到德国政治生活主流里。备忘录和相关材料表明，相对于大多数保守主义者，斯宾格勒对社民党的态度更为温和，并且是可以和解的。其实，右翼政党和中间党派普遍视社民党为"彻头彻尾有害的力量，要消灭他们，必须得动员所有的资源"[1]。斯宾格勒并不认为，德国工业劳动阶级的日趋增长，会危及内部的现状；相反，他对于将他们融入德国社会的前景保持乐观。保留抑或改革声名狼藉的普鲁士保守制度——三级选举体系——是大战前几十年间德国内政的大事。[2]社民党人多年来的首要诉求，便是革新这种非民主的参政权，因为后者对第二帝国民主化进程造成了巨大阻碍。[3]斯宾格勒支持这一诉求，呼吁废除该选举体系这一富有争议的特点，以便减少德国社会主义者对国家的反对。(《笔记》，"Das politische Buch"，

---

① V. R. Berghahn, Modern Germany: Society, Economics, and Politics in the Twentieth Century (New York, 2nd edn., 1987), p. 23.

② 参见 H. Holborn, A History of Modern Germany 1840–1945, p.365。

③ 参见 G. A. Ritter, Die deutschen Parteien 1830–1914, S. 36。

#79-6）在党魁巴伐利亚人福尔马尔（G. Vollmar）和社会理论家伯恩施坦（E. Bernstein）提出的修正主义影响下，社民党由一个极端反对国家的党派转型为一个自视为忠实反对派的政党。认识到社民党主流改革品质的斯宾格勒，迈出了一大步，甚至欢迎任命主要的社民党人担任部长之职的建议。

> 德国有不止一位社民党人在大量的组织工作中，变得成熟和理智，足以胜任部长之职。（《笔记》，"Denkschrift IX"，#79-18）

不过，在斯宾格勒开放政治进程给予工业劳动阶级及其社会领袖更大参与空间的策略中，有一个明显的不足：他忽视了社民党支持战争的理由仅仅是，它可以被看作一种防御性努力的结果。大多数社民党人拒绝夸张的吞并计划。

为了使这个也许会崛起的德意志世界帝国能够应付极其复杂的使命，斯宾格勒建议在帝国议会进行大规模的肃清工作，要清除他所批评的"狭隘的纸上谈兵者、乡绅、攀附者以及庸人"（《笔记》，"Denkschrift"，#79-68）。他批评第二帝国领导层在授予市民阶层领袖人物部门职务方面太过小家子气。斯宾格勒以一种更为温和的方式赞同韦伯对威廉德国过分官僚化的反对意见，同时，他也希望可以限制官僚的权力，因为，这在传统上阻止了党派力量的增长。他称，德国市民阶层有出众组织才能的人，"在大环境下展示出伟大实践生活"的成功人士，应该替代过去水平很低的官僚。（《笔记》，"Denkschrift"，#79-61）实际上，第二帝国期间，领导德国取得经济大幅增长的，正是最优秀、最有前途的市民阶层。帝国议会应该由能够代表经济生活的成功且务实的成员组成。也就是说，在这个帝国议会中，应该列席的是我们能干的工程师、工业家、商人、社会（民主党的）书记、商业农场主，而不是官僚、富有的退休人员、搞写作的以及所谓的"艺术家"。（《笔记》，"Denkschrift VI"，#79-21）

战时乐观情绪鼓舞下的斯宾格勒曾认为，在"一战"令人鼓舞的胜利之后，德国政治生活的特点将会是具有真正高超的政治技巧水平。就在 1917 年 7 月的和平决议通过前不久，斯宾格勒在通信中称，

无论如何，我在这里相信新德国之内政治思想和行动的水平，它将会与 1789 年法国的水平不相上下，即便人们对后者评价过高。（《书信》，第 75 页，1917 年 4 月 1 日；强调为原文所有）

我们在这里不应忽视斯宾格勒对早期法国大革命精英政治眼光的含蓄态度和高度重视，这是人们在一位强烈反民主的思想家那里丝毫看不到的。

在 20 世纪，进行有技巧的统治是以熟悉复杂国际经济问题的为前提的。斯宾格勒在 20 世纪早期就认识到，正如经济在国内政治的地位那样，它在世界政治中也获得了关键的重要地位。

今时今日，国际运输、财务、信贷条件，以及重工业，决定着国家的生存。（《笔记》，"Denkschrift"，#79-69）

他将帝国议会视作"欧洲甚或世界上最有价值的经济体系的行政中心"（《笔记》，"Denkschrift"，#79-66）。

斯宾格勒希望，市民阶级中的成员在 20 世纪的德意志"超

级强国"里可以获得显著的向上流动性和新机遇。他期待看到，对外事务的管理，即他的哲学中政治的最高领域，以及从传统上对皇帝和容克的保留，都可以由杰出的市民阶层成员来处理，

> 人们可以在这里充满勇气地得出结论。让我们冒险，让贵族完全从外交队伍中完全消失。允许进入这个梯队的，只有那些投身于非同寻常的实践中进行磨炼的人。今天的国家是个合资企业，而不是领主产业。(《笔记》，#79-62)

关于军队，他写道，

> 在贵族之外，我们会吸收一批智性极高的市民阶层军官，一些如我们的工程师和工业家那样的人，他们中间的组织和工业能力将会保证飞速的进步。

他设想，有大量机会会降临到"白手起家者"身上，

> 我也看到这样一个时刻临近了，届时，政府、商业、工业、运输、殖民地等机构中的**其他要职**，不再由枢密顾问担任，而是由白手起家的人担任。(《书信》，第47—48页，1915年9月7日；强调为原文所有)

1915年，一场关于战争目的的激烈论争在德国爆发，这也在斯宾格勒的书信中产生了回响。我们从中可以看到，斯宾格勒确信经济在世界事务中具有巨大重要性，这一点也反映在他对德意志帝国主义的态度上。斯宾格勒对独裁专制的玄深看法，以及对战争和尚武德性的赞美，遮盖了如下事实：实际上，他的帝国主义首先是经济性的，其次才是领土性的。他思想中的"生

存空间"（Lebensraum）等成分的缺失引人注意，而泛日耳曼同盟（Pan-German League）则几乎"将生存空间视为其核心纲领的要素"[①]。虽然德国人口在"一战"前的几十年间迅速增长，但是斯宾格勒在《西方的没落》中已经开始讨论，日耳曼人以及其他西方民族如何将在不远的将来经历人口的显著下降。由于他并不期待德国人口在数量上大量增长，并且将德国的城镇化视为不可逆转的历史趋势，可想而知，他并不主张为了迁移农民而吞并农业土地，而这是生存空间帝国主义支持者的典型做法。此外，斯宾格勒虽然认为日耳曼文化会不可避免地退化，但是他对保持其完整性深感兴趣。因此，斯宾格勒并不赞成通过迁徙农民来保持日耳曼民族的特征及"德国性"（Deutschtum）。"一战"期间，斯宾格勒支持在欧洲进行有限的吞并，以确保促进德国的安全，并加强它在工业上取得重要自然资源的能力。土地的吞并会与经济卫星化形成互补。这些措施结合起来将会确保德国在欧陆的霸权。在欧洲之外，斯宾格勒呼吁扩张德国在非洲的殖民地范围，并将它们的地位提高到实质上的殖民帝国。斯宾格勒为威廉德国设想的高度帝国主义行动方案的经济特质，浓缩在备忘录的如下语句中：

> 但是，德国人的精神，与他们的机械、数以十亿计的马克、铁路、汽船一道，将会主宰世界。……新德国将会因其伟力而无处不在，无论是布宜诺斯艾利斯抑或上海，抑或三藩市和开普敦。（《笔记》，#79-13；强调为原文所有）

倘若注意到，斯宾格勒没有预见到美国在 1917 年的世界事务中崛起成为一个决定性力量这一事实，人们在回顾的时候，就

---

① W. D. Smith, The Ideological Origins of Nazi Imperialism (New York, 1986), p. 95.

可以避免对斯宾格勒的德国全球霸权想象近乎幻想的特质感到困惑。尽管斯宾格勒的历史哲学在克服 19 世纪历史思维的欧洲中心论上扮演着先驱角色[①]，但并不能说，这一角色也表现在其国际政治思想中，因为它在"一战"期间无疑是欧洲中心论的。实际上，斯宾格勒书信中从未暗示性地讨论过美国人会干涉这场冲突！他将"一战"解读为德国和英国这两个 19 世纪的主要世界强国为了争取全球经济霸权而展开的提坦之战。因此，他在 1914 年 12 月的信里借用一幅决斗的图画写道，

> 这场战争强化为英国和德国之间的一个决断，其他势力都只是次要的。(《书信》，第 32 页，1914 年 12 月 18 日)

虽然斯宾格勒两部备忘录和相关政治笔记残篇都未标注日期，但是可以清楚看到的是，在战争期间，他对帝国议会未来角色的态度发生了急剧变化。在一些段落里，他赋予帝国议会以核心角色，理由是，来自市民社会有领导力的成功人士可以为政治决断做出主要贡献。他并没有明言，这个政府机构应该拥有怎样的宪制权力。他也没有讨论，总理的地位究竟最终依赖于皇帝的青睐，抑或是议会大多数的构成。不过，斯宾格勒表达了清晰的态度，他希望看到帝国议会权力得到显著扩张，处于政治权力的中心是代表大会而非君主。

> 可以赋予帝国议会以更大的责任领域，同时，要求作为"好榜样"，这样一来(智性上的)"小人"就不得而入。(《笔记》，#79-68)

[①]　参见 J. Vogt, Wege zum historischen Universum: von Ranke bis Toynbee (Stuttgart, 1961)。

他还写道："今时今日，帝国议会已经成为全体的机关，其他事物都相形见绌。"(《笔记》，"Denkschrift VI"，#79-21）而在另外的段落则对帝国议会透露出一种明显怀疑的态度。他断言，"帝国议会将会仅仅是个象征"(《笔记》，"Parlament"，#79-40），因为，议会外的力量将会从根本上决定国家事务。他态度的显著转变似乎可以归结于他对 1917 年夏天的戏剧性事件的反思，左翼和中左翼党派通过和平决议之时，正面临大后方日趋严重的物资匮乏。该决议呼吁在人民之间形成谅解的和平与永久的和解，并宣布放弃吞并领土以及政治、经济、金融上的压迫。中央党、进步人民党以及社民党在支持和平决议一事上的合作，是 20 世纪德国政治史上的重要事件，预示了 1919 年魏玛国民议会中这几个党派的积极联合。对于斯宾格勒而言，和平决议是对德意志帝国主义神圣事业不忠的抛弃，"自然而然地"令他早期对政府中议会角色更为温和的立场变得成问题。他将 1917 年称作"德国议会"的"首演"，抱怨其"有失尊严的表演"，而且他现在的态度发生了 180 度转变，断言德国人并不适合议会制。(《笔记》，"Parlament"，#79-40）和平决议的通过，导致右翼势力强有力的反动，海军上将蒂尔皮茨（A. von Tirpitz）和卡普（W. Kapp）于 1917 年成立了激进帝国主义性质的祖国党。

对于德国保守主义来说，一个基础性的理念（而且是斯宾格勒政治思想的一个核心）是：西方各个民族都拥有一种适合于其民族德性的统治风格。他的观点是，德国需要属于自己的独特民主形式。1917 年，富有争议的和平决议通过之后，斯宾格勒——脑子里想到的是英国——仍坚称："德国人有其政治天性，这种天性非常民主，不过不是追随'西方'的那一套。"在他看来，在这种土生土长的德国"民主"形式中，议会外的利益团体、各个联盟、工业组织、农业组织、新闻以及金融团体，将会有力地影响政治决断的过程。(《笔记》，"Parlament"，#79-40）事实上，早在 19 世纪 70 年代，强大的经济利益团体已经对德国各个政党产生明显的影响。斯宾格勒认为，西方议会将会日渐丧失其实际的政治权力。

> 政治决断的重心，将会转向——公众视野背后——大的组织和利益团体的策略，无疑，转向得越是果断，来自政治中心的经济问题越多。
>
> 相较于经济因素，议会不久将会扮演装饰性的角色。（《笔记》，"Politik"，#79-54）

一封 1917 年 11 月 6 日致克雷勒斯的信，尤其透露出斯宾格勒战争时期的政治态度。他毫不含糊地表达了自己希望：民族自由党可以自我革新，并扩大其民意基础和政治影响。他建议友人，

> 倘若您在战后——希望如此！——仍考虑参与政治活动，那么，首先得看透党派政治的状况，在我看来，温和自由派的组织是最重要的问题，因为，工业、金融以及高智商者必须在这里汇聚起来。民族自由党与它当下的形式并不相符，而且它与绝对可靠的新闻界之间的联系太过薄弱。尽管如此，凭借来自新面孔的些许手段，该党就能够成为所有实业家，以及大部分上流工人阶级的代表，由此而获得一席之地……如果从我的观点出发，您可以致力于我本人无法做的，那就是，得出实践上的结论。（《书信》，第 83 页，1917 年 11 月 6 日；强调为原文所有）

斯宾格勒研究文献中，关于他是独裁专制的预言家以及希特勒的掌权似乎证实了他异常的洞察力，已经谈了许多。不过，当

斯宾格勒撰写《西方的没落》第一卷的时候，与其说他将自己视为独裁专制的预言家，毋宁说，他将自己视为德国君主制进行部分民主改革的预言家，通过世界战争，德国君主制有可能为全球经济帝国奠定基础。20世纪不可避免的平等主义势力将使得社会原子化，财阀因素完全贬低政治生活的价值之后，独裁专制就会出现。这个政治现象是未来遥远海岸上的事物。因此，斯宾格勒在《西方的没落》中写道，

> 罗得斯似乎是西方恺撒式人物的第一个先驱，对于他而言，时机远没有成熟。①

在斯宾格勒看来，19世纪是西方文化的寒冬。法国大革命和拿破仑战争，标志着从内在富有创造性和活力的文化（Kultur）向广泛但僵化的文明（Zivilisation）时代转型的开端。如斯宾格勒所面对的，威廉德国的民主化从根本上意味着一种无可避免的颓废气象，即对大多数西欧文化而言，是哀伤地远离由传统统治力量——君主和贵族制——在德国的政治权力运用。因此，斯宾格勒怀旧的政治理想是"18世纪的君主制"（《笔记》，"Denkschrift"，#79-7）。不过，这也是他明确放弃的，因为它属于过去，在当下完全无法达到。民主化彰显的政治生活堕落，在德国的文化堕落中找到了对应。不过从积极面来看，据说，第二帝国重大的民主改革，显著降低了社会主义者与国家的对抗，最终赋予德国市民阶级在国家事务上重要的发言权，促使它可以发挥自身才智使德国在世界的政治、经济以及军事事务中发挥支配作用。

事实上，与威廉德国所有学院派历史思想家相反，斯宾格勒

---

① O. Spengler, Der Untergang des Abendlandes, Band 1, Munich: C. H. Beck, 1972, S. 52. 斯宾格勒也提到罗得斯是"21世纪的一种极其重要的类型"的先驱（S. 447）。

对德国长远的文化未来抱有极其悲观的态度。他所理解的西方文化的没落，是一个广泛的现象，会影响这一传统的所有国家。许多英国和法国知识分子将自己国家刻画为对抗"德国蛮子"的文明支柱，与此同时，"一战"期间的德国思想家习惯于通过高歌"1914 年理念"，将德意志民族视为文化的胜者，而将西方民主视为堕落文明的主人公。①虽然类似于桑巴特（W. Sombart）和曼（Thomas Mann）等人，斯宾格勒也赞扬在他看来独特的德意志民族品质，并且主张一种对抗性的国家主义，但是，无论如何，他眼中的整个西方，将不可逆转地走向文化的僵化和颓废。因而，从这个关键方面来看，他的立场与"1914 年理念"的拥护者截然对立。事实上，在一个引人注目的表述中（不用惊讶这些表述分散地见于他的书信，而不是显眼地呈现在德国公众用来消费的已刊著作中，因为大多数公众会对这样的观点感到反感），斯宾格勒设想德国在未来会成为"第二个美国"（《书信》，第 44 页，1915 年 7 月 14 日）。斯宾格勒坚持认为，现代德国从文化向文明的转变，早在 1900 年前后已经完成。②在接下来的段落里——写于 1914 年 10 月，当时，大多数德国知识分子都在鼓吹在本国与西方强国冒险较量中德国文化的活力——斯宾格勒简要表达了自己对德国文化未来近乎绝望的看法，

很遗憾，我们所面对的同样不容乐观，倘若人们还像

---

① 参见 F. Stern, The Politics of Cultural Despair: A Study in the Rise of the Germanic Ideology (Berkeley, 1961), p. 196。

② 斯特恩（F. Stern）认为，斯宾格勒假设了文化与文明、堕落的西方和仍充满活力的普鲁士之间的对立。斯特恩的观点是错误的。在斯宾格勒的哲学中，文化和文明这对概念毫无疑问表明的是历时性，而非同时性。的确，当他相信，比起美国所体现的那样，普鲁士以一种更有活力和高贵的方式表现了普遍的西方现象时，他并不希望，德国人将会使西方文明达到其最终的伟大形式。参见 F. Stern, The Politics of Cultural Despair, p. 238。

一个有教养之人那样思考和感觉。因为，自从色当一役，自从柏林人代表了北德意志类型，歌德时代所培养的核心文化的微光，已经丧失了其精华，经过这一场大战则将完全熄灭。倘若德国通过技术理性、金钱、事实的眼光来巩固其世界地位，那么，主宰这样的德国的，将会是一种毫无灵魂的美国主义（Amerikanism），它会把艺术、贵族、教会、世界观等，一概降低为物质主义，就如同它早在罗马帝国早期曾经存在的那样。(《书信》，第 29 页，1914 年 10 月 25 日）

总而言之，斯宾格勒呼吁德国在战后——他满心希望它取得决定性胜利——变成一个得到部分民主化改革的君主制。在这个战后时代，贵族，尤其是容克，传统的普鲁士统治精英——普鲁士是集权化的联邦国家（德意志第二帝国）里主导性的邦——将会放弃其农业性的浪漫保守主义。他们的态度将变得更为现代、灵活、国际化，为了德国更大的利益，他们准备好与市民阶级进行充分的政治合作。此外，日趋分化的中产阶级终将在政治上获得显要——即便不是领导性——的角色，这与他们对于世界上第二大高效的经济体的重要性，以及他们无论对于海军军官，还是对于陆军队伍不断增长的贡献相一致。最后，工业劳动阶级也得到了较好的整合。

出于多种原因，斯宾格勒呼吁保守派对德国政治生活进行所谓的民主化。首先，这是不可逆转的大进程中的一个历史阶段。"这个结果在德国是必须的，不是党派理想意义上的，而是自然而然不可避免的"(《笔记》，"Politisches Buch"，#79-34）。如果皇帝抓住这个主动权，那么，他就将介入这个民主化进程的发展路径，使之更有利于国家在世界事务竞争中的前景。其次，时代精神要求进行民主化。在一个日趋具有大众政治特征的时代，这是必须的，因为这具有政治象征的重要性（《笔记》，"Parlament"，#79-29）。第三，据说民主化将会减少大多数左翼与德意志国家的权力–政治抱负之间的对抗。第四，民主化将会使市民阶层进入具有巨大政治责任感的广泛职位，将会吸收他们的各种才能，来保证德国无论在国际经济还是在权力–政治竞争中都取得出色的成功。第五，保守的民主改革并不会改变如下事实，即德国政治事务的领导权不会移交到"人民"手里，而是会牢牢地握在某个精英手里，即便是个扩大了的精英集团——更有能力完成德国在 20 世纪面临的复杂任务。

斯宾格勒在出版作品或信件里从未承认过，他早期政治思想的大多数目标的实现，完全被历史的实际进程挫败。虽然如此，这并不会使本文的观点蒙羞。作为书写宏大历史运动和潮流才华横溢且耀眼夺目的剧作家，斯宾格勒不知疲倦地尝试表现一幅具有预言性且正确无误的图景。比如，1932 年，斯宾格勒在给自己的一部政治作品集的前言里大胆地宣称，他对那个时代的政治和经济大事的分析，"不用拐弯抹角，我在根本点上从未犯过错"[①]。

斯宾格勒对德国在"一战"期间得到决定性胜利的前景无以复加的乐观，导致他在心理上对 1918 年的军事溃败完全没有准备。与希特勒一样，斯宾格勒被击倒，哀叹德国的失败。用斯宾格勒自己的话来说，这个失败意味着，"所有被我珍视和看重的，全部崩塌"（《书信》，第 111 页，1918 年 12 月 18日）。与其他保守民族主义者一样，斯宾格勒也将惨败归因于据说是后方不忠实的团体所搞的破坏。军事上的溃败和德国的社会主义革命，击碎了斯宾格勒的梦想：对第二帝国进行部分的民主改革，从而为其奠定全球性帝国的根基。在他眼中，

[①]　O. Spengler, *Politische Schriften* (Munich, 1932), S. V.

1919 年，他梦想的废墟上拔地而起的议会民主制，从出生之日起就完全是一种耻辱。他认为，它的支持者的背叛行为耗尽了战争的努力，并且应该为干扰国家，导致其遭受失败之耻，以及为推翻旧秩序负责，尽管旧秩序需要重建，但是应被当作用来建设的宝贵根基。1919 年，他不无怨恨地表示："议会制在德国，要么是胡闹，要么是叛国。"[①] 斯宾格勒支持名声不太好的 "背后捅刀子" 的说法，并且随着新获得的名气，他积极地参与到政治生活中去。在富有影响的小书《普鲁士与社会主义》(Preußentum und Sozialismus，1919) 中，斯宾格勒主张成立一个集权国家，它是一种融合了普鲁士威权主义和社会主义特点的政体。内心痛苦的斯宾格勒，参与到 1919 年至 1923 年间的阴谋政治中，意在推翻德国战后新生的民主制度。不过，在《德意志帝国的重建》(Neubau des deutschen Reiches，1924) 中，又回响起斯宾格勒破碎的梦：一个帝国主义、保守主义、准民主的德意志帝国。他断言，俾斯麦和霍亨索伦家族不情愿将仁慈的统治职责赋予市民社会的领袖，是 "一战" 爆发前对国际政治局势做出灾难性、短视预估的关键因素。俾斯麦完美的外交手腕并没有完全弥补他的失败，即应该在政治上教育德国民众，建立一个政治上成熟和现实主义的传统，只有这样，他自己的成就才可以万无一失，并成为根基。就此而言，斯宾格勒与韦伯是一致的，后者抱怨俾斯麦 "遗留下的是一个没有丝毫政治教养的民族"[②]。当然，斯宾格勒并不承认自己在战争期间为德意志规划的帝国主义方案是过分和不现实的。因此，他在《普鲁士与社会主义》中有节制地颂扬了普鲁士的集权国家理

---

① O. Spengler, Preussentum und Sozialismus (Munich, 1920), S. 54.
② M. Weber，Gesammelte Politische Schriften (Tubingen, 3rd rev. edn., 1971), S. 319. 强调为原文所有。

想，并对第二帝国的领导层表达了些许微词。在他看来，俾斯麦建立威权主义国家的这段欧洲历史，"是西欧议会制主义最后的辉煌时代"。迪斯雷利（B. Disraeli）领导下的保守主义者在英国的成功，证明了在德国也有成功的可能性：倘若俾斯麦决心扩展权力中心，吸纳德国社会天赋异禀和有前途的成员。[①]铁血宰相在第二帝国的前十年错过了黄金机遇，未能授权帝国议会中的政治党派"分享对于内阁、正在勃兴的国家的领导权，以及外交政策难题等的职责"[②]。

有趣的是，斯宾格勒注意到，德国——其地缘政治弱点或许催生了威权主义精神——在欧洲中心的不利位置，在这个方面是"灾难性的"。威廉德国的领导层深受傲慢之害，即便其行政、官僚机制以及军队极其优秀，但是只懂得正确地实施政策，拒绝培养和利用社会拔尖人物的专业和明智判断力。[③]

回过来看，斯宾格勒对自己为威廉德国倡导的保守主义有限民主化进程之可行性的自信，以及他对帝国领袖可以成功践行宏伟的帝国主义计划之能力的信念，似乎并不合理。不仅保守主义势力决心维持自己的政治权力和特权地位，而且德国外交政策所受的强大限制，都与他的愿景相违背。即便第二帝国在 1890 年之后有幸任命了比俾斯麦继任者们实际上提供的更优秀的领导层，它是否能够成功实施极具侵略性的帝国主义对外政策的前景仍然渺茫，原因在于：英德之间的对立、与沙俄之间良好关系的破裂、与法国之间的历史性对抗，以及美国决心阻止德国霸权越出大陆。此外，即便德国设法以清晰的"一战"胜利者姿态，出现在当时极其不利的列强关系格局，它是否可

---

①　参见 O. Spengler, Neubau des deutschen Reiches, In: Politische Schriften, S. 188。

②　O. Spengler, Neubau des deutschen Reiches, In: Politische Schriften, S. 188.

③　参见 O. Spengler, Neubau des deutschen Reiches, In: Politische Schriften, S. 188–189。

以享受令人满意的社会和政治稳定仍然成疑。德国对极端战争目标的实现，会使得威权统治和传统特权的拥护者与千百万普通公民之间本已十分紧张的关系更加恶化，业已流过血并忍受过大后方无数艰难的后者，将会要求彻底抛弃德国政治机制。在欧洲大陆吞并大量领土和随之而来对臣服者压迫的需要，将会亟需维持一套和平时期的巨大军事建制。继而，生活必然的军事化将会使德国社会的社会和政治紧张更加恶化。另外，第二帝国于1914年前在阿尔萨斯-洛林地区和波兰诸省遭遇的许多问题强烈表明：迫使外国人民服从德国统治，将会给德国本土带来巨大压力。最后，扩张的德意志帝国将会卷入更为密集和破坏稳定的冲突，因为其他列强不会容忍世界事务中发生如此变革。德国在大战前夜明确需要的是一个审慎和温和的对外政策，而不是意图鲁莽地建立一个与罗马帝国对等的、显得可疑的现代帝国，一如斯宾格勒所主张的那样。

无论如何，探究斯宾格勒政治思想中极其晦涩但是重要的早期阶段，为探究"一战"令人痛苦的战败和大后方民主因素应为战败负主要责任的传言所扮演的关键角色——二者被用于煽动心怀怨恨的保守主义者敌视德国首个民主制——提供了一个个案研究。此外，凡尔赛和会后的岁月里，斯宾格勒仍然顽固地不肯放弃的极端帝国主义抱负，可想而知，已被领导者坚定地拒绝，这个事实只会刺激他拒绝魏玛民国。1917年的和平决议极大地破坏了斯宾格勒对德国政治生活部分民主化机会主义式的怀疑兴趣——社会主义革命与凡尔赛和会彻底摧毁了这一兴趣。由于只有推翻魏玛民国并建立威权政府，才可以兑现将德国摆在重获世界强国地位甚至全球霸权地位的承诺，而方式则是如斯宾格勒所主张的，通过军国主义、帝国主义以及国际性的经济竞争。因此，通过对魏玛民国正当性的辛辣攻击和对战争与帝国主义的颂扬，这位此时激烈反民主的思想家继续在无意间帮助希特勒扫清了掌权之路上的障碍，虽然他对希特勒及其纳粹运动持有批评态度。人们看到，希特勒的极权主义政府带给德国的灾难远远大于"一战"的失败。

附录二

评斯宾格勒《西方的没落》①

特勒尔奇（E. Troeltsch）

评《西方的没落》第一卷（1918）

该书极为迅速地引起轰动——眼下，第二版在问世前已经销售一空，这并非没有理由。因为，它是一部具有巨大精神独立性的著作，并且具有最为丰富的知识，即便其中本身无可厚非的外行话时不时会触及粗野的胡闹的边缘。总体来看，这部作品是对冷漠的批判性唯理主义和语文学的吹毛求疵的厌恶而产生的产物之一，正如年轻一代——当然，还有热心于大全事物的报章媒介——的兴致所要求的：应致力于直觉性的综合。这一转向——由个别事件的因果性转向宏大关联的结构性和对比性概观——的优点和危险，实际上可以从这部作品身上得到富有教益的说明。就此而言，这部作品是一部来自德意志学术精神危机时代意义重大的文化档案，它见证了对斤斤计较的语文学和学究式的流于形式的讲台哲学随处可以感受到的愤慨。值得注意的是，相较于与

---

① ［译注］选自特勒尔奇"批评版全集"（Kritische Gesamtausgabe）第 13 卷《书评与批判集（1915—1923）》（Rezensionen und Kritiken: 1915–1923, hrsg. von F. W. Graf u. a., Berlin: De Gruyter, 2010, S. 445–459, 635–646）。

历史思想关联紧密的生物学学科，尤其是史学本身，受到此次危机冲击较少的是数学和物理学。真正的斗争针对的是史学一直以来机械的教学活动，以及常常平庸和混乱地将史学纳入半吊子自然主义的哲学惯例中。

种种迹象表明，该书作者是这样一位哲人，他出身自然科学，尤其是数学和物理学，后来转向了史学，从而发掘出我们当今的自然科学思想和史学之间深刻的对立——就如同照亮一切的启示。他迅速果决地将这一发现改造成原则性的相对主义，它并非因果性的，而是历史化的和个体化的。在我们文化圈的其他形而上学可能性穷尽之后，他意图开启欧洲哲学的最后阶段。当然，他的发现是前人已经发现过的，比如狄尔泰（Dilthey）也从中得出过原则性的怀疑论，或者如洛策（Lotze）、文德尔班（Windelband）以及里克特（Rickert），当然，他们从宗教或伦理学基本立场出发，试图削弱怀疑论的结论，并且在逻辑学中坚持着认识之可能性的统一点（Einheitspunkt）和保障。无论如何，作者常常几乎在字面上，而且实际上，最为强烈地使人想到齐美尔（G. Simmel）和伯格森（H. Bergson），即便他在屈指可数的几处提及二位思想家时极为轻蔑。他所提及的两位大师，只有歌德及其以反数学的方式对原始现象和趋势的建构，和尼采及其文化心理学对欧洲历史建构性的概观。作者无疑仍然相信，从超人的末世论乐观主义中必然可以看到罗马-欧洲在狭隘西欧视野中的局限。然而，事实上很遗憾的是，在上述唯独提及的两位大师那里，斯宾格勒遵循的更多的是尼采的矫饰和查拉图斯特拉姿态，而非歌德的安详、清晰以及客观。虽然他似乎崇拜前者为真正的大师，但是事实上，他那怀疑的和不幸的悲观主义与歌德在信念上的健康几乎毫不相干。彻头彻尾的妄自尊大、雄赳赳地破门而入、隆重地宣布闻所未闻之事（carmina non prius audita）、下命令一般地公布诸种悖论和大胆的想法，这些明显都属于当今德语文学的风格特点，对于涉及那些即使不用这些行话仍然可以产生影响的事物亦如此——至少在严肃和客观的思想家那里如此。不过，今天的人们称之为"个性"，而且是德国读者要求的所谓个性，恰恰是更为文雅的人性必须从这些坏的举止中清除的东西。

对此，我们必须予以容忍，并专注于该书实际上并不缺少的可观之处。作者所拥有的思想、敏锐、知识以及直觉异乎寻常。很明显，他的重点在于对数学、物理学、认识论的研究，并且得出了极其有趣的结论——象征性知识的理论。人们唯独在这些象征物中才可以把握物理和灵魂的现实，一切认知的客观和人本学元素，殊难区分地融合在一起。继而，这种融合思考同时将大宇宙，即哲学的世界图景，表现为内在逻辑必然性和思想家个人的看法。不过，毋宁说，这属于真正的哲学，由于这样一种认识论天然地有利于评判真正史学领域的个体性，因此这里略加提及。无论如何，我的印象是，他的思想中首要的似乎是这种认识论，而非关于个体性的历史观。因此，当他靠近后者的时候，处于前景的并非个别灵魂的个性-个体性，而是大文化圈以及各文化圈对于世界和生活的整体观念的客观-个体性。在这一思想中，个体灵魂从一开始意义就不大，相反，就如同在黑格尔那里，是材料（Material），也就是说，实质性的理念内容因自身之故显现出来。就此而言，我们尽管有各种各样的怀疑，但是面对的是一种十分强烈的概念实在论（Begriffsrealismus）。不过，在谈到这几大文化个体时，作者所看到的不只是古希腊罗马、西欧或者现代的、印度的以及阿拉伯文化，此外，次要的还包括中国的、巴比伦的以及埃及的文化。这种情形下，要从对于作者而言最为重要的方面来评判该作品，笔者当然自感学识不济。不过，作者自己是否具备将其写出来的知识，笔者出于同样的理由也只能缄默。无论如何，这一点可以让人看到全书最令人恼火的特征之一。当然，作者自己的研究充其量只可能是根基的很小一部分，他肯定也利用了其他描述和加工。不过，作者并没有提示这些作品的任何一部，由此，我们也不可能做任何检验。

当然，人们可以辨识出几个来源：斯齐戈夫斯基（J. Strzygowski）、魏斯巴赫（W. Weißbach）、里格尔（A. Riegl）、沃林格（W. Worringer），以及迪昂（Pierre Duhem）关于数学和文化之关联的研究，也许还有迪特里希（A. Dietrich）的宗教史研究。这些都是某种程度上已经十分大胆的综合，而作者则将这些综合再次过度综合。艺术史和美学化的文献过于泛滥，从艺术作品出发来书写或者臆测思想史，甚至真正的历史，是一种极其片面的倾向。"廊柱的灵魂史还未得到叙述"（第 302 页）这样的句子，让人想到现代艺术文献中最为糟糕的例子。除此之外，又有一些非常深刻和卓有见地的分析，比如，谈古代和现代的关系，后者从查理大帝开始算起。在我看来，这部作品本身某种程度上像是迅速焊接起来的，但也不乏耀眼的洞见。不过，由于其中偶尔出现的明显谬误或者单纯的断言，个别的历史看法至少会给人们带来一定的怀疑和讶异。笔者在这里无法给出太多个例，因此只给出其中几个。

为了证明现代数学与宗教的无限性形而上学之间的关联，作者说，"笛卡尔，一位'王港'圈子思想深刻的基督徒，遵循着内在的诉求，为了自己的哲学-数学教诲，再次令普法尔茨公主伊丽莎白和阿道夫（G. Adolf）的女儿、瑞典女王克里斯蒂娜改宗天主教"（第 103 页），这里的每句话可以说都是错误的。紧接着这句，在谈到亚历山大里亚时，为了证明数学中的某些变迁，"亚历山大里亚在公元 2 世纪不再是世界都市，而成为一个止步于古代文明时代的建筑群，寓于其中的是一个情感上野蛮的、灵魂上迥异的居民"（第 107 页），作者如何知道这一点？"因此，至少亚里士多德和康德、智术师和达尔文主义者以及现代物理学毫不神秘的数字性自然，与荷马、埃达、多里斯、哥特式人经验性、无限的、感受性的自然相对立"（第144页），这样的说法简直是异想天开。此外，在另一个地方谈到"数字性的"亚里士多德时，他说，亚里士多德并不知道现代因果律！作者对厄琉息斯秘仪的解释很不像话（第177页），又称卢梭和拿破仑是英伦理念世界的实现者（第210页）。伦施在《德意志社会民主制的余响》以一种历史唯物主义的改写和粗线条化，完全抄袭了这个说法。[①]第213页对路德的刻画，是任何一位些许知晓其书信和作品的人都不会这么写的。或许最后极具特征的是第238页："公元1000年前后，关于世界终末的思想在西方流行时，这一景观的浮士德式灵魂诞生了。"作为例子，这些足够了。无论如何，这个历史理论并不是对基于史料的历史研究的认识和证实。这里充斥着错误的说法、富含想象的断言，以及不确切的类比，几乎缺乏对事实做任何批判性论证，以及对此的诉求。也是出于这一理由：人们初次阅读该书时，一系列卓越的思想令人眼花缭乱，人们会轻易忽略"证据"；相较之下，第二次阅读时，该书会显得愈发令人不舒服、任意而为、异想天开、充满矛盾。

即便如此，我们还丝毫没有触及轰动性的主题。实际上，它指的也不是主要对象。相反，主要对象是一种探究形式和内容上的灵魂的哲学性的历史理论，是探究的方法论，是历史内涵的价值论。不过，在研究过这些之后，作者进入了世界大战的范围，意图从自己的历史哲学出发来解释它。在他看来，世界大战是欧洲文化转向其最后阶段的过渡，即转向计算性-冷漠的帝国主义和资本主义与社会主义组织的统一，是文明对文化的接替。显然，他眼中的普鲁士类似于罗马，同时也是对英式帝国主义的超越，这个普鲁士在胜利之后也将组织起社会主义，"古代的经济

---

① 参见 P. Lensch, Am Ausgang der deutschen Sozialdemokratie, Berlin: S. Fischer, 1919, S. 79。

思想否认时间、未来以及延续，而西方的经济思想则肯定它们，无论是在马尔萨斯、马克思、边沁等人较平庸的英国-犹太版本，还是在普鲁士国家思想深刻和未来意义浓厚的版本，由弗里德里希·威廉一世建立的这种国家思想的社会主义还将在本世纪吸收其他的社会主义"（第 195 页）。对欧洲特定的精神创造和经济-理性表达的一般性认识，令作者——正如他之前的许多人那样——总的来说熟悉没落时期的思想。在他看来，世界大战在普鲁士德国是国家社会主义（staatssozialistisch）对一个正在没落的、类似于罗马的世界的最终组织。毫无疑问，这是个极富见解的观点，现实的战争经过只能给予部分的反驳，即便这个观点明显地让人看到，作者（可以凭借他的学说确定无疑地建构未来）的理论值得商榷。作者认为，他草构的这一观点所带来的贡献某种程度上不亚于德意志陆军的贡献（第 VIII 页），它是整个建构工作的一部分。德意志的壮举和德意志精神，完成最终状态并认识最终状态——两者都由德意志人完成，这是全书最为隐秘的骄傲。今时今日，我们对此无需多言。无论如何，这也许属于作者构建的"偶然"，它们在大势（große Tendenzen）的实现中也会推延。伦施中规中矩地基于斯宾格勒的思想，怀着罕见的热忱接受了社会主义中文化终结的论点，他不久前以一种完全不同的方式，将斯宾格勒的思路发挥到极致：他将英国即将到来的社会主义化视为终末阶段的开端，该阶段最终将作为西方的美国、英国、西欧统一起来并予以终结。[1]

总之，最重要的认知和无疑为作者思想中老练和成熟的部分，是自然科学（即数学-物理学）与历史认识的对立，这种对立也表现在空间-凝滞性、延展-可估量性以及时间-普遍有效性与延续的形成关联性之流动、融合以及独特性之间。斯宾格勒强

---

[1] 参见 P. Lensch, Das Weltreich des Abendlandes, In: Neue Rundschau, 30.2, 1919。

调，这不仅仅是存在与运动之间的对立，因为众所周知，运动可以由力学从空间和数学上得到探讨。毋宁说，它是生成者、迈向形制和凝滞者，和永不止息的生成本身之间的对立，后者根本不能用逻辑，而只能从事实本身或者直觉上去把握。因此，突出的对立就是法则与形体、因果与本源、体系学与面相学、普适性与个体性、因果说明与宿命、个别说明与概观等之间的对立。由此得出的结果是，倘若不对下意识和清醒的意识做出区分，倘若不给历史语境或者价值概念确定基础，那么，历史概念就无法使用，其中，人们当然必须细致地将价值与实践性和有意识的"目的"区分开来。尤为有趣的是斯宾格勒对历史时间概念的说明，他认为，作为类似的先验观感，历史时间只会造成与空间的混淆，也许可以用可能性、方向性、不可逆转性等概念来定义它，但实际上它只能被经验，而不能被定义、度量以及构建。

以上都是今时今日人们所持的具有重要意义的见解，我本人也完全认为具有决定意义。斯宾格勒作品中有许多东西是开放性的或者自相矛盾的，作者时而认为历史认知是完全超逻辑性的和纯粹艺术性的，时而又大谈有机体的逻辑、周期的法则等，就好像人们在这里其实有可能更为细致地描述逻辑方法并使之规范化一样。不过，我们就此打住。

这里基础性的个体性（Individualität）概念，首要参照的是集体文化关系的个体性。因此，斯宾格勒否认了任何一种人类史和任何一种统一的进步。在他看来，普遍历史瓦解为七或者八大独立、完全个体化、互不理解的文化关系，各自有独特的"灵魂"（Seelentum），作为其"理念"之表现，这种灵魂从最初的根源一路发展到没落。他认为，任何一种灵魂的组织点主要在于美学-艺术的基础观念，对他而言，它们与各自的数学-自然科学世界图景紧密相关——这便是新意所在。他也将这种激进的区分和几乎全然无法相互理解挪用到古代与西欧之间的关系上来。据说，我们同古代的所有关联，只是表面上的技术性和幻觉般的。在这里，笔者也认为这个基本思想是正确的，而美学的建构片面性及古代与现代的对立——尽管有个别精彩的思考——在我看来过于夸张。此外，涉及数学的定理，笔者希望看到有来自数学家的批评。倘若请我们举足轻重的数学家和物理学家中的任何一位来做评判，并略述一下斯宾格勒的主要定理，那么，他无疑会拒绝阅读此书。

虽然在史学领域貌似不可能逻辑性地形成概念，而且无法相互理解，但是，斯宾格勒试图在这些个体性的文化进程中建立完整的进程平行关系，就像兰普雷希特（Lamprecht）和布莱西克（Breysig）那样。不过，他并不是基于心理学法则，而是基于形态学观点，就如同人们依次陈列生物学或者植物学的发展谱系并得出同源性。这种同源性在这里恰恰成为严格的合规性，允许人们钩沉和重构被遗忘的时期，而且在未完成的文化中允许人们预估其剩余的进程，这也正是在涉及西方时，作者用来给该书命名的。这些谱系的图表——维也纳"文化研究协会"制作过类似东西——无疑是全书最虚弱和鲁莽的部分。它依据每种灵魂的春、夏、秋、冬来划分，在每个章节里配给的则是相当混乱的次要章节。尤为显眼的是，将古代晚期、基督教、戴克里先、查士丁尼、穆罕默德等处理为阿拉伯-麻葛文化，并且完全清除了基督教在古代和现代之间的中介地位等。只有当人们不熟悉古代晚期和基督教文学却援引镶嵌画和圆顶建筑时，上述种种才可能发生。

对于斯宾格勒而言，从激进的个体主义出发，将属人理性分解为无数、相互间全然陌生的灵魂，将（尤其也是）迥异的数学归类为迥异的文化类型，可以得出哲学性的整全理论怀疑论，对于深刻思想家，尤其对于像我们这样完全成熟的衰败时期的思想家来说，这是唯一真正的哲学。与此相反，所有论据都驳斥怀疑，而且，作者本人在所有论证过程中以及发展的平行关系中，预设了理性的统一性和相似性，这里无需对此赘言。笔者只想强调的是，他的历史观恰恰因此而是"悲剧的"。"数理的必然性寓于法则，悲剧的必然性寓于历史性的宿命。"（第233页）人们也许会在这样一句话（至少在前半部分）中期待"怀疑"。其实，悲剧性格（比如曾在谢林那里）主要来自对个别个体（Einzelindividuum）的消灭和漠视，对于个体性文化理念的实现而言，个别个体只是材料，而自身完全不拥有它，尤其是作为真正的成熟总是倏忽即逝。此处尤其富有教益的，正是多次提及的洛策尤其是歌德本人的对立，后者并非悲剧性的，而是信仰性的。而且，黑格尔利用属己的内在欢乐填充了来自理念的个性，甚至为个性留下不朽性，由此，悲剧性在他那里被排除了出去。直至叔本华、黑贝尔以及现代唯美主义者，人们对悲剧性世界观的偏爱，才进入我们德意志的思想。在法国，悲剧性避开实证主义，躲进了唯美主义，而在英国和美国，它则是陌生的。年轻的法兰西基于伯格森式、接近于斯宾格勒的根基，却舍弃了决定论和唯美主义，由此也包括悲剧性——我们可以从库尔提乌斯（E. R. Curtius）极其有意思的作品《新法兰西的文学先驱》（Die literarischen Wegbereiter des neuen Frankreich，1919）中清楚地看到，这是个尤为有趣的对照。基于直觉思维的相同根基，他们致力于自由、创造以及信仰，而斯宾格勒在这个根基上则为怀疑、悲剧、静观进行辩护。

对斯宾格勒而言，怀疑本身是哲学的终结和成熟。以历史形态学为理据的绝对怀疑，将是我们仅存的也是西方特有的唯一哲学，这是古希腊人以及今天的东方人所无法理解的。正因如此，这种怀疑的哲学提供了新的证明，西方已步入了最后的没落时期。由此，我们再次面临前面提及的西方的没落的理论，与怀疑理论一样，它的根据事实上同样不稳固。其他根据，如廊下派、佛教、社会主义等，虽然极富思想，但完全是碎片化的。

笔者再次强调：这部作品极其有趣，而且闪耀着优秀的思想，表现出成功之作以及思想的某种伟大。这令人想到哈曼或者赫尔德，有时无疑还令人想到张伯伦（H. S. Chamberlain）、"德意志伦勃朗"（Rembrandt-Deutscher）[①]以及兰普雷希特。而该书的重要之处则在于其症候性的意义，为思想革命立此存照。对于这一点，一般没有什么需要批评的，不过它带有危险的痕迹。倘若我们想要一股脑抛弃艰难获得的批判性唯理主义、哲学的要素、经验的确切性和冷静的因果律研究，以至于之后不得不再次艰难地去掌握它们，或者，倘若能力或者意志不足，以一种一开始富含思想，继而杂乱无章的野蛮堕落下去，这样的话，就的确是最为严重的损失了。如此，这部著作以及由它所代表的趋势本身，将会对西方的没落做出积极贡献。相反，如果能够成功将新与旧[②]融合起来，那么，我们在某段时期内又有了伟大而新鲜的使命，人们可以在上面建立没落理论，把世界交给上帝，就如斯宾格勒眼中的大师歌德曾经做过的那样。

评《西方的没落》第二卷（1922）

斯宾格勒作品的第二卷补全了第一卷，并使之更加清晰。因此，《西方的没落》这本奇书的许多内容变得更加可以理解，尤其是他的哲学基本立场，其次他同其他专业学科的关系，最后还有主导性的价值体系。

总体来看，斯宾格勒的哲学对于他的史学而非史学研究而言，是更为重要的条件。他承诺，一种"形而上学"很快就会问

---

① ［译注］即朗本（Julius Langbehn）。
② ［译注］或译"古与今"。

世，将会以此公开地把自己的跳跃点（Springpunkt）更多置于哲学而非史学之中。现在，人们已经可以说，它在认识论上指的是一种精纯的实用主义（Pragmatismus），形而上学上则是反智主义的活力论（Vitalismus）。认知服务于实践性的生活思想，自身在任何意义上，根本不具备属己的内在真理和必然性。它分裂为智性-自然科学认识和心理学-预言、生物学-史学认识。因此，两种认识都是清醒或者有意识的智性的表达和精细化，而生活本身则在无意识或者直觉中进行。只有在活动的动物身上，智性才得以开始，并在人身上继续。在永恒的农人身上，它则始终服从于直觉；而在城市文化中则得到解放。从原始创造，即智性的宗教，不断进步，直至最终的结果，即世界都市的淹没灵魂，以至于重新堕落为农人性或者费拉式存在的本性中。这种认识论类似于尼采实用主义时期的理论。

相应地，形而上学则是关于下意识的生命长河的学说，它的涌动毫无法则、毫无可以认识到的宇宙规则，由不断觉醒的存在者——总是根据各自发展的阶段——得到理性化。这类似于叔本华的思想，只不过，朝向涅槃的消极解脱，与尼采朝向超人的积极解脱一样，都归于失败。结果更多的是怀疑，随之而来的是为生活斗争的历练，最终，重新堕入下意识的本性。"偶然性的人"和"偶然性的文化"——"偶然性的生命"置身其中，同时，至少对于清醒的意识而言，背后是地球和星相史，这便是一切（第635页）。从这一根本性的实用主义出发，本来会得出一种实践性的、立足当下的文化综合和对未来的塑造。的确，斯宾格勒也给出了这些，不过是从与格奥尔格著名唯美论相对的现实主义意义上，在即将到来的民主化、最终独裁式的时代里，这种现实主义是严酷和无望的。与这样的时代——即作为一个整体——相反，他彻底所感受到的是格奥尔格派的反感和仇恨。

然而，斯宾格勒将一种与务实主义完全相反的静观态度，与上述实践性的未来目标联系起来。如果他首先从本质上遵循的是尼采——尼采无疑首先会利用辩证的，然后至少会利用进步性-普遍历史的方法，继而会遵循德意志的器官学学派，该学派将人类分解为一些植物一般且平行的个别发展，将历史首先视为历史性动植物始终个体性的繁荣和衰败。只不过，从今天的情形来看，浪漫派的宗教背景已经被消除，一切都以怀疑和无神论的方式，靠近了植物性和生物性。如果斯宾格勒在这方面以歌德为依据，那么，上述器官学学派早就会以歌德的倡议为根基，然而，主宰着那代人的宗教性已经消失。

因此，斯宾格勒决定性的独特之处首先在于从头至尾都对比了八大文化的发展，这是唯一吸引人兴趣的地方。他为所有文化设定的前提是相同的进程，继而不断为八大文化的"同时性"和同源性建立平行关系，用其他文化说明其中一种，用一部分文化为人熟知的历程来描述另一部分文化不为人熟知的。这是关于历史法则和平行进程的思想，类似于兰普雷希特，只不过不同的是，斯宾格勒并非基于实证主义-心理学，而是基于生物-形态学。而且相较于兰氏，斯宾格勒的手法更毫无保留，更不依赖来源。此外，在斯宾格勒这里，"浮士德-欧洲"文化无时无处不在突破这些类比，并且借用不幸的"浮士德"概念去解决这个问题。然而实质上，浮士德以及与此相关的欧洲主义，则从所有类比中掉落出来。对于欧洲主义而言，平行最终局限于欧洲也要面对的独裁制、民主制以及没落的宿命。这实际上只是古代类比教给人们的东西。其他平行只能反向从这些进程中得到阐明和补充。

由此出发，专门学科的关系变得容易理解，在本卷中，斯宾格勒在谈到诸文化圈和文化分支时更多地涉及这些专业学科。现存的文化圈和分支不仅受制于自然科学类比和单纯的因果-心理学方法的偏见，而且它们的病灶也在于学科局限。因而，它们看不到同源，会误解每种灵魂——诸种文化分支恰恰来自于此——根源的形而上学统一性和共通性，尤其受现代国族、政治偏狭的视野所限，该视野总是令它们追问民族、国家、国族，而不是追问作为诸灵魂或者文化圈真正基底的种族（Rasse）和血缘（Blut），在它们之内，每个个别的民族以及文化分支，才可以从共同的根基成长起来，并且，这些民族实质上只是共同的基本种类的范例。这时，斯宾格勒得出一个有趣的种族概念，实际上，它更多指的是，最初的贵族制对一个文化或者命运共同体（Schicksalsgemeinschaft）的创制和教化，这与人本学-解剖学的种族概念形成的对立泾渭分明。其实，种族概念本身遗留下的只有神话性的血缘信仰。从这一立场出发，斯宾格勒实际上在所有大的学术领域——人本学、人种学、语言学、政治学、经济学，以及宗教学——引发了大革命，在这里，他既利用也彻底纠正了专门学科，即几部现代作品。他在这里也讲了不少睿智、确当的东西，还有更多激发性和诱人的东西。

不过总体上来说，人们越是深入阅读，便越是对这些革命起疑。他的描述不断从八大文化中跳动而过，大谈中国的奥古斯都、阿拉伯的克伦威尔、埃及的巴洛克时期、印度的墨洛温王朝等等。这样，基本结构的所有逻辑完整性就消失不见，给读者搅起一阵——不得不真心实意接受的——类比的暴风雪。作者暗示性的语调为读者减轻了这一点，因为作者知道，"当时任何灵魂都是这样感知"，或者"当时，任何人都不会领会这个或者那个思想"，或者，某事将会"在千年之后出现"。当文献出处或者自己的知识不灵光时，作者便清楚，若是对时代的认识更精准，他的论断会得到更为有说服力的证明。简言之，尽管个别思想的闪光点令人受益良多，但是人们对上述革命的怀疑也在不断增长。不过，笔者将真正的批评和商榷留给诸种专门科学。一些观点和几大段内容尤其值得这样的批评和商榷。笔者所具备的知识并不足以去完成，只是直觉上觉得几大段是令人发昏的空谈。

笔者的一些知识只够应付上述诸多革命中的一个，即便还是不如斯宾格勒看起来难以估量的广博。所谓的宗教学革命，他是以"阿拉伯文化的诸问题"为题进行的。因为人们在这里可以清楚看到作者主导性的价值体系立场，所以该革命更为重要。人们大可以说，他继续着尼采针对基督教——它与生活的一切本能、真正的历史，以及历史的意义相对立——的斗争。历史的意义仅仅"指向行动的唯一有效性，国家、战争和血缘的重要地位，成就的完全绝对权力，以及对伟大命运的骄傲"。相反，基督教否认历史和现实，从历史的意义来看，激进地证明自身不谙世事、敌视生活，即否定世俗、禁欲、拔高怜悯和知识。如果它自身作为事实，隶属于历史，那么，史家就不能否认其存在，但是不得不强调，它完全有悖于"历史的意义"和"历史的本质"。以上是一个自尼采以降，人们已经足够了解的绝对独断的立场，斯宾格勒认为无需再对此给出理据。同样，这也是他情绪化的基本教条，在这方面他与格奥尔格派很大程度上也是一致的。他对真实耶稣的非现实性立场表现出高度的尊重，而不是尼采式的仇恨。斯宾格勒将这一立场更多地聚焦于——他所认为的——基督教的养子上：人性、人权、和平主义、友爱等社会理论。这些理论都来自耶稣，但是，它们都将本身非现实的事物关联到现实的事物上，因此，它们自己就已经背叛了宗教。《新约》就种族所说的唯一一句话，是彼拉多所说的"什么是真？"耶稣的回答是，他的国不是此世的，意指耶稣完成的非现实性和非种族性（第262页），"人们要么是英雄，要么是圣徒。寓于两者中间的，不是智慧，而是日常"（第335页）。这便是关于英雄主义、权力意志、自我意志的著名"德意志"理论，英雄主义与一切人性及基督教对生活的否定相对立。毫不掩饰地拥护这些理论的我们，孤独地站立在广阔的原野，为自己招致"日常"世界的仇恨，而对于斯宾格勒倔强的普鲁士精神而言，或许又多了一个毫无顾忌地拥护这些理论的理由。

这个价值体系要求消除基督徒的价值，并对照浮士德式的灵魂，后者诞生于千年前后的法国南部，如今，在启蒙以来的大都市中逐渐消亡，就这种灵魂而言——在我看来——尽管存在同源，但是在其他七种文化中并不存在，而且也不会存在一种平行。人们也许在这里谈某种"庸俗浮士德"也不为过。斯宾格勒认为，浮士德式精神的本质是，在无限性之内肆无忌惮地强调自我。斯宾格勒不断在补充这种无限性。它的意义并不是宗教性的，而在于，相对于"欧几里得式"僵硬的古代身体意识——这还是格奥尔格派思想圈子的一部分——与有神论奇迹信仰和二元论的耶稣洞穴信仰，"我"具有无限的延展性。西方的基督教在阿拉伯-麻葛式外套下，就变成了浮士德式的，也就是说，自我文化和自我主张，其中，告解的"哥特式圣体"构成了出发点，而尼采的学说无疑形成其顶点。不同于耶稣和古代，巴洛克时期或新的中世纪，是这种无限的自我意识最美妙的发挥，是从一种艺术风格发展成为一种无所不包的灵魂。相反，原初且真正的基督教与基督教中世纪只有名称上的共性，它落入"阿拉伯文化"之手，后者是整个中东地区的种族和民族共同体，并创造出所有二元-伦理宗教——拜火教、伊斯兰教、巴比教以及马赫迪教。犹太教和基督教也属于这个家族。通过将二者圈入麻葛-阿拉伯文化圈，它们便轻而易举地丧失了价值。但是，它们的内涵完全没有得到真正的分析：对于基督教，向耶稣表示了一定尊敬；对于犹太教，稍有些反犹的附加情绪。耶稣和摒弃《旧约》的马克安代表了真正的基督教，因此，二者无疑着眼的是非现实性。而从犹太人这里得出有效的是，"文人、哲学家、教条主义者、乌托邦主义者身上所缺乏的种族，造成了他们无法理解这种深渊一般的仇恨，两种生存之河流迥异的节奏如同难以承受的不和谐音在其中显现。这种仇恨对于二者都是悲剧性的，而且，由于出身名

门的印度人与首陀罗之间的对立，它也盘踞在印度文化中"（第
393 页）。

这里无法细谈极其混乱的细节。这个文化之所以是麻葛式
的，是因为：它对内在神性和精神影响的信仰，它的宗教性共同
体概念（该概念有悖于自然的血缘共同体），它的有神论和二元
论，它的奇迹和拯救，它的童话和启示录，它对神性安排和天
意的信仰（这种信仰不懂得自我的独立性，只知道天命或者奥古
斯丁的宿命）。之所以是阿拉伯的，是因为：所有这些宗教——
包括与印度完全不相干的拜火教——都诞生于幼发拉底河北部民
族的灵魂。后来成为浮士德式-哥特式的西方基督教，通过凭借
一种假晶溜入古希腊-罗马世界，摆脱了上述特征。它真正且更
为重要的发展是阿拉伯文化，也就是说，在涅斯托利派、一性论
者、亚美尼亚人、阿比尼亚人等那里——他们恰恰因此坚定地
走向了伊斯兰教！西方最终从麻葛式的阿拉伯人那里解脱，要等
到浮士德式灵魂的诞生，尽管存在某些共同的教义，但这种灵魂
是全然不同的东西。这丝毫并不会妨碍如下事实：不同于奥古斯
丁，大格里高利和伯拉纠都曾是浮士德式灵魂！尤其是伯拉纠！
西方基督教的假晶所溜进的古代本身，也同皇帝崇拜和新柏拉图
主义一道，被称作阿拉伯教会、反对东方阿拉伯主义的反教会，
以至于西方的天主教基督教，实质上不得不成为双重的，而非被
削弱的阿拉伯主义！尽管这里偶尔会出现不少好的见解，但是并
不值得深入探讨细节。它是温克勒（H. Winckler）古代东方世界
观的胞衣，很显然是根据其类比构造的，此外，它是斯宾格勒价
值体系的结果。关于事实，可参索登对卷一提出的批评意见[1]，

---

① H. v. Soden, Spenglers Morphologie der Weltgeschichte und die Tatsachen der Kirchengeschichte, Harnack-Ehrung, Leipzig, Hinrichs, 1921.

或者贝克尔的随笔①。说到了点子上的只有一星半点真理。但是先知学和耶稣宝训的客观内容，恰恰从这种东方主义迸发出来，在我看来，进一步的发展恰恰寓于其中。此外，古代基督教与中世纪之间的区分，也是斯宾格勒不无道理地强调的事实，不过笔者会以一种完全不同的方式来说明。②

　　血缘信仰、罗马化的犬儒主义以及无私的英雄主义等新保守主义，在最后论国家和经济的两章中以可理解的方式，表现得更为清晰，"由此可以得出，真正的历史并不是反政治意义上的'文化史'，如每个文明开端时期的哲学家和教条主义者以及今时今日再次喜闻乐见的那样。与之完全相反，它是种族史、战争史、外交史，是体现为男人与女人、性别、民族、阶层、国家等形式的生存之河流的命运，它们意图在伟大事实的激荡中捍卫自身并且互相征服"（第419页），"如上所述，任何道德行为根本上是一段苦行和对生存的消灭。正因为如此，它才置身于生活和历史性的世界之外"（第424页），"每个具有高贵且坚强精神，但是血性上虚弱的人，头脑和作品中都思考着抽象的正义理想，同样，一切宗教、一切哲学亦如此。但是，历史的事实世界，只承认将强者之法律（Recht）③变为众人之法律的成就"（第450页）。因此，因道德之故而未能成功的民族何其不幸呦！可以追溯至动物王国的君主制之所以也得到赞扬，是因为作为朝代继承，它是一个"制度化"的国族的一部分。斯宾格勒更中意体育和培育者的语言，而不是旧保守主义惯用的神学语言。注意到这种新保守主义与比如施塔尔（J. Stahl）和穆勒（A. Müller）的旧保守主义之间的区别，极富教益，同时，在充满睿智的嬉戏和引人联想并以比喻

---

① C. H. Becker, Der Islam als Problem, Der Islam I, 1910.

② 参见 E. Troeltsch, Augustin, die christliche Antike und das Mittelalter, München und Berlin: R. Oldenbourg, 1915。

③ ［译注］亦可译作"正义"。

方式进行的修辞上，斯宾格勒与后者有不少相似之处。

总之，作品在理论上谈的是对几乎所有专业学科的革命，实践上谈的是新保守主义的反革命——其材料更多带有尼采和格奥尔格的色彩。第二卷与变化了的时局一道，本质上转向了政治，即与民主制和共和制做斗争。这才是意义上不那么令人惊讶的第二卷真正的新意。因此，也造成斯宾格勒相互矛盾的影响。专业学者大为恼火，某位卓越的语文学家认为，乍看下去，斯宾格勒是个犹太人！相反，大部分对专业学科不热心的青年人，则崇拜斯宾格勒，称其为真正的普鲁士精神的传教士！而斯宾格勒本人则倾向于认为民主制和由此而来的独裁制是不可避免的衰败，对此，他粗暴地予以蔑视，警告年轻人不要抱幻想，应该坚韧不屈，去做实践性的工作和技术——作为衰败时期相应的理想。

这部作品给了我们的三大烦心事——对外的世界宣传的罪责说、左派恐怖分子以及右派恐怖分子——一手好牌。如果斯宾格勒本人意图以此促成独裁制的来临，那么，此书也会迎合他如此赞颂的政治本能。如果他不愿促成独裁制的出现——或许没有德意志恺撒——而且不愿看到由此造成的惨剧，那么，这部作品就属于被他如此蔑视的、理论化、异想天开式的、文绉绉的——但无法缄默的——文人作品范畴。

笔者想要补充的是，在同一家出版社、借助出版社的材料，一部素材极为丰富、体现了斯宾格勒在文献上被接受的作品刚刚出版[1]。通过说批评者都是"学者"，而真正心领神会了的是文学家以及新教神学家——后者的辩护热忱在斯宾格勒的没落论中找到了素材，由此，斯宾格勒受到的批评被打消。此外，这本小书对于理解我们的精神处境颇有启发意义。

---

[1]　Manfred Schröter, *Der Streit um Spengler, Kritik seiner Kritiker*, München: Beck, 1922.

斯宾格勒年表

1880

5月29日，斯宾格勒（Oswald Arnold Gottfried Spengler）生于哈尔茨山的布兰肯堡（Blankenburg am Harz）。

1887

举家迁往北威州的索斯特（Soest）。

1890

进入索斯特文理中学。

1891

举家迁往哈雷（Halle an der Saale）。就读于弗兰克基金会拉丁语文理中学。

1899

高中毕业。就读于哈雷大学，修读数学和自然科学专业。

1901

6月1日，父卒。在慕尼黑继续学业。

1902—1903

冬季学期就读于柏林大学。

1904

哈雷大学哲学系攻读博士学位，博士论文题目为《赫拉克利特哲学的形而上学基本思想》(Der metaphysische Grundgedanke der heraklitischen Philosophie)。高级中学师范考试（专业为动物学、植物学、物理学、化学、数学），资格论文题目为《视觉器官在动物王国主要阶段中的发展》(Die Entwicklung des Sehorgans bei den Hauptstufen des Tierreichs)。

1905—1906

在吕讷堡(Lüneburg)就职前精神失常。在布兰肯堡辅助教学。在萨尔布吕肯(Saarbrücken)的研修年。前往斯特拉斯堡、南希、巴黎旅游。

1906—1907

在杜塞尔多夫见习。前往米兰、卢采恩旅游。在布伦施威克进行兵役体检，被判定终身不适宜服兵役。

1908

1月1日，最终被任命为汉堡一所高中的首席教员，教授自然科学、数学、德文、历史。

1910

2月7日，母卒。

1911

3 月，从教学工作离职，迁往慕尼黑。

7 月 1 日，"朝阿加迪尔的豹跃"行动（Panthersprung nach Agadir，即第二次摩洛哥危机爆发）。

1912

3 月 31 日，法律允许斯宾格勒最终退出教学工作。构思《西方的没落》（Der Untergang des Abendlandes）。

1914

8 月 1 日，"一战"爆发。

1918

4 月 20 日，《西方的没落》第一卷在维也纳的布劳穆勒（Braumüller）出版社出版，一版一印于 1918 年 9 月 1 日至 9 日发行；为作曲家施特吕弗（P. Strüver）写作歌剧《狄安娜的婚礼》（Dianas Hochzeit）剧本。

11 月 1 日，巴伐利亚革命。

1919

2 月 21 日，革命领袖艾斯纳（K. Eisner）遇刺。

3 月 25 日，与慕尼黑的贝克（C. H. Beck）出版社签订关于《普鲁士与社会主义》（Preußentum und Sozialismus）一书的合同。

5 月 15 日，将《西方的没落》第 3 版及以后的版本授权给贝克出版社。

7 月，前往圣加仑、苏黎世、卢采恩旅行。

11 月，与费英格（H. Vaihinger）、凯泽林（H. G. Keyserling）一同获得尼采档案馆基金会荣誉奖。

12月,《普鲁士与社会主义》出版。

1920

与弗罗贝纽斯(L. Frobenius)及施罗特(M. Schröter)结交。

初次拜访尼采档案馆。

1921

发表《悲观主义?》(Pessimismus?)。

1922

2月14日,在埃森的莱茵-威斯特法伦经济论坛上做报告:《俄国的双重面相和德国的东方问题》(Das Doppelantlitz Rußlands und die deutschen Ostprobleme)。

4月16日,《拉帕洛条约》(Vertrag von Papallo)签订。

5月20日,《西方的没落》第二卷出版。

在政治上愈发活跃,与《南德意志月刊》(Süddeutsche Monatshefte)及"该亚"(GÄA)协会圈子人士罗伊施(P. Reusch)、埃舍里希(G. Escherich)、胡根贝格(A. Hugenberg)、科斯曼(N. Cossmann)结交。

11月,修订《西方的没落》第一卷。

1923

1月11日,法军占领鲁尔区。

3月23日,初次拜访古代史家迈尔(E. Meyer),并与之结交。

6月,前往荷兰,与荷兰外交部部长会面;与施特雷泽曼(G. Stresemann)对话;拜访位于维灵恩的德皇太子。

参与组建德国内阁的计划;与泽克特(H. von Seeckt)将军及鲁登道夫(E. Ludendorff)将军谈话。

对施特雷泽曼产生敌意。

11 月 8 日至 9 日，见证了啤酒馆政变的一幕

1924

2 月 26 日，向维尔茨堡的大学生演讲，题目为《德意志青年的政治责任》(Politische Pflichten der deutschen Jugend)；同一天，慕尼黑开始审理希特勒案。

5 月，发表《德意志帝国的重建》(Neubau des Deutschen Reiches)。

重新投身学术研究，结识许多学者，比如勒科克(A. A. von Le Coq)、贝克尔(C. H. Becker)、耶雷米亚斯(A. Jeremias)。

10 月 2 日，在慕尼黑东方学家论坛演讲，题目为《新古代地图集构想》(Plan eines neuen Atlas Antiquus)。

10 月 10 日，构思《古代亚洲》(Altasien)。

10 月 15 日，尼采 80 周年冥诞之际，在尼采档案馆演讲，题目为《尼采及其时代》(Nietzsche und sein Jahrhundert)。

10 月末至 12 月初，前往隆德、斯德哥尔摩、图尔库、赫尔辛基、里加等地巡回演讲。

1925

2 月中旬至 3 月 27 日，战后首次意大利之行，前往维罗纳、佛罗伦萨、那不勒斯，乘船前往帕勒莫、墨西拿、陶尔米纳、罗马。

5 月 1 日，搬到慕尼黑维登迈耶大街(Widenmayerstraße)26 号。

11 月，在罗马及周边地区逗留；遗憾未能见到墨索里尼。

12 月 31 日，将《最初的问题》(Urfragen)的构思寄给位于布宜诺斯艾利斯的友人克萨达(Quesada)夫妇。

1926

结交新的学者，比如哈隆（G. Haloun）、卡罗（G. H. Karo）、埃伯特（M. Ebert）、科尔内曼（E. Kornemann），以及新生代学者格雷泽尔（W. Graeser）、格林德尔（E. G. Gründel）、科赫尔（R. Korherr）。

2月，与弗罗贝纽斯决裂。

7月17日，轻微脑溢血，伴有暂时性失忆。

11月28日，为科赫尔关于出生率下降一文撰写导言。

1928

3月末，拜访来到瑞士施皮茨（Spiez）的克萨达夫妇，向他们介绍了他的新世界史图景。

4月，疗养旅行，前往阿维尼翁、托莱多、格拉纳达、马德里。

1929

早春，严重贫血。

3月，在布里俄尼休养，接着前往罗马和施皮茨疗养旅行。

10月29日，纽约股市"黑色星期五"。

1930

1月，格策（W. Goetze）撰写了第一篇关于斯宾格勒的博士论文。

2月3日，在位于汉堡的爱国者协会上演讲，题目为《德国危急》（Deutschland in Gefahr）。

1931

5月6日，在德意志博物馆演讲，题目为《文化与技术》

（Kultur und Technik）。

7月3日，发表《人与技术》（Der Mensch und die Technik）。

7月13日，所有银行停业，世界经济危机加剧。

1932

11月，发表《政治文集》（Politische Schriften）。

1933

1月30日，希特勒掌权。

6月14日，萨克森文化部长哈特纳克（W. Hartnacke）任命斯宾格勒为莱比锡大学兰普雷希特（K. Lamprecht）教席教授，斯宾格勒拒绝。

7月25日，在拜罗伊特与希特勒对话。

8月18日，发表《决断的岁月》（Jahre der Entscheidung）。

10月26日，戈培尔（P. Goebbels）要求斯宾格勒为即将到来的全民公投撰文，斯宾格勒拒绝。

1934

2月6日，在慕尼黑的亚洲艺术和文化之友协会上演讲，题目为《战车及其对于世界史进程的意义》（Der Streitwagen und seine Bedeutung für den Gang der Weltgeschichte）。

6月30日，所谓的"罗姆政变"被挫败；斯宾格勒的友人容（E. J. Jung）、卡尔骑士（G. Ritter von Kahr）、施密特（W. Schmid）、施特拉塞尔（G. Strasser）相继遇害。

1935

1月，施蒂尔（H. E. Stier）的杂志《作为历史的世界》（Die Welt als Geschichte）出版，刊出斯宾格勒的文章《论公元前2

世纪 的 世 界 史》(Zur Weltgeschichte des zweiten vorchristlichen Jahrhunderts)。

撰文纪念施密特，题为《诗与书信》(Gedicht und Brief)。

10 月，退出尼采档案馆理事会。

1936

5 月 7 日，因心脏衰竭，在慕尼黑逝世。

图书在版编目 (CIP) 数据

作为悲剧的世界史：《蒙特祖玛》悲剧与史学笔记 /
(德) 斯宾格勒著；温玉伟编译 . — 北京 : 商务印书馆，
2022

（"经典与解释"丛编）

ISBN 978-7-100-20886-4

Ⅰ . ①作… Ⅱ . ①斯… ②温… Ⅲ . ①政治思想史 —
研究 — 世界 Ⅳ . ① D091

中国版本图书馆 CIP 数据核字（2022）第 045372 号

"经典与解释"丛编

作为悲剧的世界史

《蒙特祖玛》悲剧与史学笔记

〔德〕斯宾格勒 著

温玉伟 编译

商 务 印 书 馆 出 版
（北京王府井大街 36 号 邮政编码 100710）
商 务 印 书 馆 发 行
南京新世纪联盟印务有限公司印刷
ISBN 978-7-100-20886-4

2022 年 12 月第 1 版　　　开本 880×1240 1/32
2022 年 12 月第 1 次印刷　　印张 8¾

定价：55.00 元